外食の革命的経営者

vs.

堀江貴文

9人の食のカリスマと激論！

堀江貴文vs.外食の革命的経営者

目次

TAKAFUMI HORIE VS. REVOLUTIONARY OWNER IN THE RESTAURANT INDUSTRY

＼発表！／
特別付録
TERIYAKI's BEST RESTAURANT 2020
19人のテリヤキストが選んだ
「この1年のベスト5」

＊本書は２０１９年８月から２０２０年１月にかけて、堀江貴文が注目する９人の外食経営者との対談を一冊にまとめたものです。対談時期によって、内容が現在の状況と変化している場合もあります。

株式会社 Dining Innovation Investment Founder

西山知義

vs.

堀江貴文

西山知義

1

…

NISHIYAMA TOMOYOSHI

1966年、東京都生まれ。1996年に東京・三軒茶屋に「焼肉市場 七輪」(現 炭火焼肉酒家 牛角 三軒茶屋店) をオープン。株式会社 レインズインターナショナル社長時代には、7年間で1000店舗の外食チェーンを築く。2013年、「日本の食文化を世界に」、「すべてはお客様の笑顔のために」を企業理念に掲げ、株式会社 ダイニングイノベーションを設立。また、近年では日本の外食事業のより一層の発展のため、若手外食経営者に自身の培ったノウハウを伝え、成長を支える活動をしている。

「いかに職人を減らせるかっていうのは展開型の外食企業ではもっとも大切なこと」（西山）

堀江 『**焼肉ライク**』、絶好調ですね。毎日のようにオープンしてるイメージ。

西山 フランチャイズをやりたい人がものすごく多くて、物件が見つかり次第出店しているね。研修がほぼないからね、見つかったらオープンまでが早いの。

堀江 なんで研修をなくせたんですか？

西山 肉はチルドでカットしたものが店に届くでしょ。たれは工場で完成したものが届くわけだし。米は機械が自動で炊いてくれる。炊き上がったごはんを出すところまで全部機械がやるんだよ。

堀江 ああ、今はそういうのがたくさんありますよね。スープの機械もあるでし

焼肉ライク
話題のひとり焼き肉チェーン店。座ってパネルで注文すれば、すぐ焼肉セットが登場。自分で焼いて食べて満足して所要時間は入店から15分弱。牛丼と変わらぬ時間で売り上げは2倍。

ょう？

西山　店で味を変化させることができないし、やることがない(笑)。

堀江　前は、お玉で一杯一杯よそってたんだから、量にもブレが出そうだし、衛生的なリスクもあったわけですよね。それが今は、ボタンを押せばビューッで終わり。

西山　そうそう。

堀江　そういう会社の業績もいいみたいですね。

西山　そうなんだ。

堀江　「こんなもの、必要なのか？」って思うかもしれないけど、日本人ってまじめすぎて、それが時間がかかる原因になるんですよね。

最近、僕、酒造ってるんで、6月に田植えしたんですよ。そしたらめちゃくちゃスピードが遅い！　なんでかなと思ったら、最初に言われた「苗を5本ずつ持って、等間隔に植えてください」って言われたのを、みんな真面目に数を数えてるんですよ。「ああ、1本多い」「間隔が狭い」っていちいち考えてるから手が遅いんですよ！

西山　（笑）。

堀江　僕は「大丈夫でしょ、自然は強いぜ！」ってバンバン植えていく。そうしたらみんなより10倍くらいのスピードですよ。でも、9割方はその考え方に賛同してくれない。「真面目にキレイに植えるのが大切」って思っていて。スープを盛る人も「お玉にすりきり1杯」「具はこれだけ」ってやってるから時間がかかると思うんですよ。

西山　そうそう。あんまり関係ないだろってことを、信じてやっているんだよ。日本の厨房ではよく見る光景だよね。

堀江　そもそも、飲食のことなんてまったく関係なかった僕が、飲食に足をつっ込んだのは、西山さんの話をずっと聞いてたからなんですよ。それで今、現場を見ていると、やっぱり、そういう謎の丁寧さが目につく。

西山　おかしいことだらけでしょ？　『牛角』を僕がやっていたときなんて、「肉は店で切らなきゃいけない」。なんで？

堀江　昔はそうでしたよね。

西山　たかぽんがやってる『WAGYUMAFIA』みたいに単価を高く、作りたて

WAGYUMAFIA
堀江氏と浜田寿人氏が2016年に設立し、高級和牛の輸出とレストランを経営。世界中でポップアップイベントを展開し、和牛を国際的に有名にしている。レストランは国内と香港にあり、今後はさらに世界展開を進める予定だ。

を出すような業態ならありなのかもしれないけどね。安価で安定して出したい場合はできるだけ手作業を減らして、均一な味と価格を保つ方が重要。

堀江 まさに〝職人リスク〟ですよ。職人的な仕事に価値があるという日本人の思い込み。

西山 それで人件費が高くなって、売価も高くなる。お客さんの来店頻度も減るよね。

堀江 西山さんはそこを変えていった。

西山 そうだね。『**牛角**』もそうだったけど、ライクはさらに強化している。『牛角』は1時間半の滞在時間だったのを、同じ焼肉業態のライクが25分にしたらどうなる？　回転が速くなって、当然安くできるわけ。

堀江 相当安いですよね。

西山 注文はもちろん、お箸やおしぼりの用意とか、水も手元で汲める。とにかく人の手間を減らしたい。本当はキャッシュレスにしたいんだけど、今やるとダブルコストになっちゃうんだよね。現金の人にも対応できるようにはしたけど、いつかはキャッシュレスにしたい。これから先、10年は人件

牛角
1996年、西山氏が三軒茶屋に1号店をオープン。当時の常識を打ち破るマニュアル化で一大焼肉チェーンとなった。

費が下がることはないからね。人件費が高くなった場合、店で持つのか、働く人を楽にさせるか。僕は楽にさせたい。

堀江 確かに楽しそうに働いていますね。

西山 覚えること少ないもん。

堀江 なるほどね。

西山 売上に対する人件費は、ものすごく安いよ。そして、売上も、坪売上でいったら、『牛角』の比じゃない。新橋のお店でいうと、今、月に1500万円くらいいく。

堀江 あの店舗の大きさで！　それはめちゃくちゃいきますね。

西山 それで、牛丼屋さんと比較すると単価は2倍以上あるから。同じ滞留時間で同じように回転したら、売上も2倍だもん。

堀江 牛丼って、もう高くできないしね。

西山 外食企業のなかでも、1人前いくらっていう仕様になっちゃっている会社はきついよね。

堀江 人件費率は本当に高いですよね。メスを入れるべきは人件費なんだけど。

西山 西山さんみたいに、人がやらなくてもいい部分をどんどんカットしていけばいいのに。僕、自分が料理できるからわからなかったんですけど、料理ができない人って、本当になにをどうしていいかわからないんですよね。めちゃくちゃ負担になるみたい。

堀江 厨房を任せられる人材も減っているしね。

西山 貴重な存在ですよ。最近、料理長を雇ったお店の人が「40代の料理長を雇ったら、ふんぞり返ってなにもしない。『もうちょっと働いてくださいよ』って言うとムッとする」って。

堀江 古典的な料理長だね(笑)。

西山 そういう人ですら雇わざるをえない状況になっているんですよね。ちょっと凝ったものを作ろうとすると、そういうことになる。

堀江 確かにそうだね。やっぱり、〝職人さん〟をいかに減らしていくか、っていうのは、僕みたいに展開をメインにしている外食企業においてはもっとも大切なことですよ。

西山 実際は大変ですよね。〝職人さん〟たちは、ご自分のお店か、ある程度単価の高いお店で腕を振るっていただいて。

「焼肉店舗を一日見せてもらって店舗でやらなくていいはずの作業を書き出していった」（西山）

堀江　西山さんが『牛角』やられてたのって、もう20年以上前？

西山　そうだね。

堀江　僕、1号店の近くに住んでたんですよ。

西山　三軒茶屋？

堀江　三軒茶屋の近くに住んでた。もともと焼肉屋だった店舗が牛角になったでしょ。僕、その前の焼肉屋から行ってたんだもん。

西山　そうなんだ。

堀江　いちばん行ってたのが4号店かな。僕が引っ越したときに、手伝ってくれた友だちにごちそうした覚えがあります。

西山 その店は裏に研修所があって、そこで教育してたの。

堀江 肉を店でカットしないとか、工場で作ったものを持ってくるとか、『牛角』はさまざまなイノベーションを起こしたわけなんだけど、やっぱり真似する人が出てくるわけじゃないですか。でも、そのあと改善をやらないんですよ。それが不思議議でしょうがない。

西山 僕が『牛角』を作るときは、一番最初にキムチ屋さんがやっている焼肉店舗を見せてもらったんだよ。厨房を1日見ていて、何をやっているのか、全部書き出した。で、「これは別にここでやる必要はないんじゃないか」「工場にお願いしてできるはず」ってひとつひとつ確認していったのね。たれなんて、お店で時間をかけて毎回作る必要ないよねって。で、店舗でしかできないことと、店以外でもできることを整理していった。最終的に、社員1人とアルバイトだけで、お客様が満足する味と価格を実現したいというのが目標だったから。

堀江 なにせ、マクドナルドでアルバイトしたんですもんね。

西山 そうそう。びっくりしたよ〜。最初にマクドナルドの厨房を見たときは！「もう、飲食店じゃないな」って。発想が工場なんだもん。

堀江 映画『**ファウンダー　ハンバーガー帝国のヒミツ**』で、マクドナルド兄弟が動線を考えるシーンがありますけど、あの世界ですよね。

西山 広場に足で図を書いてね。あのシーンを見たときに、「ここまでやってたのか、俺もまだまだだな」って思ったよね。

堀江 １９３０年代ですよね。Ｔ型フォードの世界だもん。ラインでハンバーガーを大量生産するっていう小規模工場を作ったわけですよね。

西山 本当にそうだよ。びっくりしたよ。

堀江 僕は、『ファウンダー』の『一蘭』版をやりたくて。この前、見城（徹）さんに話したら「それは面白い」って言ってたから、実現するかもしれないですよ。あの人も、レイ・クロックだから。もともと作る人じゃない。

西山 外食って、作った人と広げる人が違うっていうことが結構あるんですよね。スターバックスコーヒーもそうだし。だから、逆に言うと、作る力と広げる力を両方持っていたら、すごく強い。

ファウンダー　ハンバーガー帝国のヒミツ　2017年に公開された、マクドナルド帝国を築き上げたレイ・クロックの実話を基にした映画。マニュアル化・多店舗展開の極意が詰まっている。

堀江　あんまりいないですけどね。

西山　そう、あんまりいない。僕なんかも、後輩がやってる〝いいお店〟を見て、「俺だったら1000店くらいできるのにな〜」って思うことがすごく多いもん。でも、その子にはできないんだよ、たぶん。

堀江　できないでしょうね。

西山　広げる力は違うんですよ。

堀江　**塾**ではそういうことを教えてるんじゃないんですか？

西山　うーん、塾はもっとシンプル。彼らの役に立てないかなっていうのと、外食産業を活性化させたいからやってる。でも、業態を見せてもらっても、よっぽどブランドイメージが強いとかでなければ、僕にもすぐできちゃう。「すごくいいお店で今3店舗」くらいのお店はすぐできちゃうね。

堀江　やるかやらないかの基準は？

西山　300店舗出せるか。

堀江　なるほど。

西山　僕はひたすら広げるのが得意なので、300店舗出せないものは効率が悪

塾
西山氏は年に数回、若手経営者のために無償で「西山塾」を開講している。

いからやらない。同じことを300軒分やれるわけだから、成功パターンを繰り返せば、成功率は高まる。1軒1軒違うことをやっていたら、失敗率増やすだけでしょう。たとえば錦織圭が来年はゴルフ、次の年は……ってやっているんじゃテニスであぁはならなかったよね。1店舗成功パターンを作ったら、成功した理由を分析して、それを繰り返す。僕が得意なのは、それ。

堀江 僕は今、パン屋がやりたくて、**会員**にすでにやらせてるんですよ。パンを選んだのは、結局〝家で作れないもの〟っていうのが大事だなと。西山さんから「『**しゃぶしゃぶ温野菜**』は10年間ブレイクしなかった」って聞いたときにも思ったんですよね。

西山 そうそう、今でこそ認知度も上がったけど、最初はさっぱりだった。ブレイクしたのは食べ放題にしたのと、鍋の汁を2色にしたことですかね。あれから急にお客さんが増えはじめた。面白いもんで、焼肉は食べ放題業態はダメなんだけど、しゃぶしゃぶは食べ放題が当たり前なんだよね。そうじゃない？

会員
「堀江貴文イノベーション大学校」の会員。メンバーは約30の分科会グループで構成され、その中でそれぞれがやりたい事をカタチにしていくコミュニケーションサロン。

しゃぶしゃぶ温野菜
西山氏がレインズインターナショナル時代に牛角に続き展開した人気チェーン店。1号店は2000年にオープン。

堀江 確かにそうですね。

西山 『牛角』でも食べ放題をやってたけど、3割くらいしか頼まれないんだよ。でも、『温野菜』は95％くらいが食べ放題なんだから。

堀江 不思議ですね。

西山 しゃぶしゃぶに期待するものもそうだろうし、いろんな野菜が食べたいんじゃないかなって。焼肉は、みんな肉質にうるさいけど、しゃぶしゃぶだとあんまりこだわらないんだよね。ほかにもいろんなものを食べるから。

堀江 焼肉は肉だけを食べるために行きますけどね。

西山 そうなの。あとは、焼肉は厚い肉だから、肉質が落ちると硬くておいしくないんじゃないかっていう認識が強いみたい。

　パンはどういう感じなの？

堀江 冷凍です。パンって、結局粉じゃないですか。いい粉を使って、工場で生地を作って、店舗で焼きたてを売ります。『WAGYUMAFIA』の**ワギュワッサン**も冷凍ですよ。

西山 焼きたては特に変わらないよね。時間が経つとどうなの？

ワギュワッサン
和牛の牛脂を練り込んだクロワッサン。WAGYUMAFIAの定番商品。

堀江　全然変わらないです。

西山　そうなんだ。だったらそうすべきだね。

堀江　粉のおいしさなんですよ。悪い粉は、冷えたときにおいしくなくなる。粉のグレードだけです。

西山　たかぽんのすごいところはそこだよ。なにが味にいちばん重要かをしっかり調べて、そのうえで余分なことをやらない。

堀江　パン好きの人って毎日パンを食うんですよね。だからといってほとんどの人は作らないで買う。

西山　うん、うちの近所でも毎日行列しているもん。

堀江　群馬に『なま剛力スタジアム』って変な名前のパン屋があるんですよ。そこでは800円と980円のパンを1日1000本とか売ってる。

西山　相当儲かりそうだね。

堀江　儲かってるでしょうね。

西山　2種類で1000本って、とんでもないビジネスだよ。食パン、流行ってるもんね～。

堀江　流行ってますよ。だからそれを、奇抜な名前で売って。イノベーションの余地、ありまくりなんですよ。ポイントは、やっぱり自分でやらないこと。パン好きはパン屋の経営できないと思う。

西山　わかる。

堀江　経営のことなんてまったく教わらずにやってますよね。でもそこをクロスさせると面白いことが起きるんですよ。

「LINE@の会員に週1回配信すると、売上が3〜4%増える」（西山）

堀江　経営を教えるのって、びっくりするほど大変じゃないですか？

西山　もともと作り手として入ってきた人には大変だよね。でも、作り手でも、独立したら経営者になるわけだし。それなのにその感覚がなくて、いつまでも「俺は職人」って気でいる。だから、おいしいパンのことを考えるのは得意でも、広げたり、たくさん売ることに対してはちょっと弱い人が多いね。

堀江 だから3年持たない。西山さんがやってるお店って、客単価が数千円のお店が多いですよね。

西山 そうですね。

堀江 あ、趣味でやってるお店は別か。

西山 そうだね。それは高いよ(笑)。

堀江 安い業態には、宣伝とか集客にどのくらいコストかけてるんですか？ 広告を打つとか、ＰＲに。

西山 『ライク』の場合は、オープニングでフェアをやって、行列を作って、前を通っている人に伝える。人通りが多いところばかりだから、結構効き目があるよ。ＳＮＳでもどんどん広がっていくからね。特に「ひとり焼肉」っていうフレーズにインパクトがあって、ハッシュタグにもなったし、最初からメディアの人が目をつけてくれた。だから、あんまりコストはかかってないんだよね。

堀江　『じねんじょ庵』とかは？　結構、住宅街ですよね。

西山　だいたい、折込チラシだね。実は、『牛角』『温野菜』『やきとり家　すみれ』『Itarian Kitchen VANSAN』がほぼ同じ立地なの。得意なんだよね。

堀江　成城学園とかあっちのほう？

西山　成城もそうだし、要は私鉄沿線の駅近く、駐車場なし。住んでる人と働く人が来てくれるお店。３０００円くらいでゆったりできる。シンプルなんだけど、自分でも「週末に家族で行けるお店ができたらいいな」「こういうのがないな」っていうのを作ってるんだよ。

堀江　そうだったんだ。

西山　焼肉も、そばも、イタリアンも、マーケットはでかい。でも、足りないところがある。たとえば、そばだったら、ランチには行くけど、夜は選ばないでしょ。理由は、そばは単品になっちゃうから。夜に、家族で外食して、そば１人前ずつってちょっと寂しいからね。なので、そばの前に野菜巻きなどの串焼きとかじねんじょ料理を食べられるようにすることで、ゆっくりできるようにした。『VANSAN』も、サイゼリアだとパスタを食べて終わっちゃうところを、家族で行って、夫婦はワインとタパス、子どもたちはピザも食べて、デザートで締めてひとり3000円くらい。

堀江 このパターンを、ある一定の立地で成功すると、一都三県で250くらい駅があるから、そこに出店できるわけ。1店舗1億になれば、合わせて250億の売上ができる。それを繰り返してるんだ。

西山 広告宣伝的には、折込チラシと口コミでいける立地なんですね。

堀江 そうね。お客さんは定期的に来てくれる。あとはフェアをたまにやって、また折込チラシを打つとかね。

西山 折込チラシ以外はそんなにやらないんですか？

堀江 住宅街はいちばん効くね。都心ではSNSとかホットペッパーとかあるけれど。あとはLINEか。毎日3割の人にLINE@を登録してもらっていて、店舗で毎日管理、蓄積させてる。週に1回LINEで配信すると、月に3〜4％増えるかな。それを加減しながら予算を達成するように。『牛角』『温野菜』に行った人はわかると思うけど、LINE入ってくるで

LINE@
一斉配信やクーポン配布などが出来る集客ツール。

しょ？　あれは全部計算しながらやってますよ。

堀江　そういう新しい集客法が出てきて、しかもこれからキャッシュレスになるじゃないですか。キャッシュレスとモバイルオーダーを使えば、さらにホールの人件費を下げられるんじゃないですか？

西山　もっと国が推奨してくれたらいいんですよ。日本って飲食店のキャッシュレスが本当に遅れていて。この前、台湾に店を出したんだけど、台湾は自分のiPhoneからオーダーしてもらってますからね。

堀江　それが厨房につながってるんだ。

西山　そうなんだよ。

堀江　西山さんのお店はセルフじゃないけど、セルフだったらホールにひとりもいらないでしょう？

西山　そうなんだよね。いつか『ライク』でやってみたい。あとやりたいのはキャッシュレスと、セルフでキッチンまで取りに来てもらうスタイル。それができるとさらに安くできますからね。

堀江　パック焼肉はどうですか？

西山 パック焼肉ってなに？

堀江 パックのまま肉を出すんですよ。

西山 どういうこと！

堀江 最近、合法ユッケってあるじゃないですか。工場でパックしたのをそのまま客に出すっていう。

西山 そんなのあるのか。基本的に許認可必要だよね。

堀江 工場で真空パックしたのを出しているお店があるんですよ。だからね、ほかの肉もパックのまま出すのはどうかなって。『ライク』は、工場からチルドで出してるんですか？

西山 そう。チルド肉をカットしたものを店に運んでる。

堀江 店に来たときはどういう状態なんですか？

西山 パックに入ってるよ。

堀江 それをむいて皿に並べるんですよね。

西山 そう。だから店に包丁がない。

堀江 僕が考えたのは、それを1人分ずつおしゃれなパックにして、そのまま客に出して、客にむいてもらう。

西山 なるほど、そういうことね。多分、似たようなことではあるんだけど、パック代が高くなっちゃうかもしれない。

堀江 1パック当たりのパック代か。

西山 僕も考えたことあるんだ(笑)。

堀江 大量生産したら結構安くできそうな気がするけど。

西山 うーん。あと、『ライク』では、50グラムでも100でも200でも選べるのがいいところでもあるんだよね。たとえば、ハラミ50グラム、カルビ50グラム、牛タン50グラムとかでもできる。それぞれに合わせたパックを作っていかなきゃいけないし、容器が1個じゃ済まないよね。

でも、もし実現したら、コンビニと同じように棚卸ができる。いちいち計らなくても見ればわかるし。おそらく、棚に置いておいたら映像解析で棚卸できちゃうね。

堀江 できますよね。

西山 この前、『スカイマティックス』っていう、ドローンを使った映像解析の会社の社長さんとお会いしたんだけど、畑を映像解析して、どこに肥料が足りていないとか、野菜がどれくらいできているかが予測できるんだって。なんかすごいよね。うちも棚卸を映像解析できないかと思って。厨房技術っていうのを、どんどん見続けて、どんどん取り入れて、できるだけ人件費を下げていきたい。

堀江 とりあえず、ワンオペくらいまではいきたいですよね。技術的にはいけるはず。

西山 うん、業態にもよると思うけど、できる日は近い。

「コンビニさえなかったら外食産業の売上は変わると思う(笑)」(西山)

堀江 牛丼をコンビニで本格的にやる可能性ってないですかね。

西山 うーん、僕は以前はあるんじゃないかと思ってたけどね。ドーナッツもコーヒーもやって、牛丼もやれるんじゃないかなって。ただ、生肉を加熱するのはどうかっていうのと、おでんがすでにあるから、においの問題。だからやるとしたら、煮えたものが店にきて、お客さんが自分でかけるとかね。お客さんがやったら190円で、とかになっちゃったら、もう牛丼屋に牛丼を食べに行く必要はないよね。

堀江 そのままイートインで食べちゃえばいいんですもんね。つゆだくとか、アレンジやり放題。

西山 ファストフードは、コンビニにやられると怖いよね。一気に何万店かで売りはじめるんだから。『ライク』をやるときは、「さすがにコンビニで焼肉はないだろう」って考えたもん。

堀江 コンビニがやってくることは、店にとっては恐怖ですよ。パンもね、ナチュラルローソンがすでに冷凍生地を焼いて「焼きたてパン」として売ってますから。

西山 逆に言うと、これほど高度な商品があるのは日本だけですよ。ランチにみんなコンビニ行くでしょ。コンビニさえなかったら、外食産業の売上、変わると思うよ。

堀江 なるほど(笑)。

西山 逆に言うと、僕らはコンビニに取られてる。そこから奪還したくて、『ライク』を作ったくらい。コンビニにも焼肉弁当は売ってるけど、焼きたてのお肉を食べてほしい！って。しかしさ、個食が進んでいく中で、どんどんコンビニに持っていかれて、今度は消費税まで、テイクアウトは軽減税率だもんな〜。

堀江 あれっ、そういえば西山さん、**コンビニやってました**よね。

西山 そう、やってたよ。

堀江 セブン‐イレブンとローソンって、なんであんなに差がつくんだと思いますか？

西山 う〜んとね、まずセブンは売上がいちばん大きい。そして、品ぞろえと陳列がいちばん素晴らしいんだ。コンビニってフランチャイズだから、オーナーは無駄を出したくないわけですよ。でも、お客さんが棚を見たときに、お弁当があったりなかったりするのはマイナス。本部側は「多く置いて、

コンビニやってました レインズインターナショナルでエーエム・ピーエム・ジャパン、成城石井を買収。

多少の廃棄はしょうがない」っていう発想で、加盟店さんは「仕入れて売れなかったら困る」って思ってる。セブンはその指導が徹底してて、「これをやりなさい」っていうのがきっちり、しかも強いんですよ。結果として、いつも種類が多かったり、スカスカの棚が少なかったりする。次に重要なのが、圧倒的においしいこと。工程がすごく細かくて、おでんを食べても、サンドイッチを食べても、おにぎりを食べても、圧倒的においしいのがセブンなんですよ。

堀江 例えば、ローソンからしたら、セブンのことが絶対頭にあるわけじゃないですか。「セブンよりおいしくしよう！」ってキャッチアップとかしないものなんですか？

西山 それは当然思ってるでしょう。中には高級路線のおにぎりとか「からあげクン」とかで差別化できている部分もあるんだけど、やっぱり基本的な技術力とか深さが、勝てないいんじゃないかなって思う。

堀江 本当に、トップの指導力みたいなもんなんですね。

西山 うん、最終的に目指すあり方とか、どれくらいおいしいものを出すかっていう意識の問題なんじゃないかな。これを徹底すると決めたらする。

堀江 だって、資本力で負けているわけじゃないでしょ。ローソンは三菱商事なんだから。お金をつぎ込もうと思ったら、いくらでも銀行から引っ張れる。そこまで徹底できなかった、ってことなんですね。

西山 やっぱり違うんだよね。

堀江 明らかに違うんですよ。なんだかんだ言って、牛丼なら『吉野家』がいちばんおいしいのと一緒で。

西山 そうだね。いちばんおいしいと思う。

堀江 BSEでアメリカ産牛肉が入ってこなくなったとき、唯一牛丼をやめたのって『吉野家』でしたよね。

西山 やっぱり味に対してのこだわりが、歴史的に強いんですよ。こと、牛丼にかんしては納得いくものが出せないんだったら、出さない。そういう姿勢なんです。それはもう、会社の文化として「牛丼を安くおいしく出す」っていうテーマがあるんだから仕方がない。今の時代はそれが裏目に出ちゃってる部分はあるけどね。やっぱり原価が高い。『すき家』『松屋』は牛丼以外にもいろんなメニューがあるから、そっちで原価のバランスが取れるけど、『吉野家』はみんなが牛丼を食べに行くから。

堀江 全体の収益を考えるとつらいですね。

西山 だから今、いちばん収益的に厳しいのは『吉野家』になっちゃってるね。ずっと牛丼の味を追求して、普及させて、ファンも多い。で、その分ほかがないという。みんな牛丼を食べに来てるから、作ってもあまり出ないしね。

堀江 そうでしょうね。『吉野家』＝牛丼という心理的な影響は大きそう。

西山 あんなおいしいものを３００円台とかで食べられるのは、世界でも日本くらいですよ。なのに、ちょっとでも値上げするとテレビで取り上げて、そのたびにお客さんが減っちゃう。これから、人件費も原価も上がるわけだから、嫌でも値上げしていかないとダメなのに。それがしにくいのはかわいそうだよね。

堀江 中国なんかがどんどん経済発展して、ぜいたく品を食べられるようになってるから、資源はどんどん減りますよね。水資源、環境問題、メタン排出

西山　量……やっぱり増えることはないですよ。

西山　アメリカ産が安くておいしい！ってなったら、今は中国も買う。これからはアジアやアセアンの新興国も食べるようになるから、値段は確実に上がるしかない。人件費も同じでね。

堀江　牛丼は構造的に上げられない。

西山　お客さんが値段にインパクトを持ちすぎてるんだよね。

「お客さんがたくさん来てうれしそうな顔を見ること。結局、それが原動力になる」（西山）

堀江　前にYouTubeで『一蘭』のことを話したら、「『一蘭』はまずい、高い」って書かれて。いや、おいしいし、安いだろ！

西山　まあ、とんこつラーメンの相場にすると高い。味はおいしいけどね。『一蘭』のすごいところは、いくらでもあるんだけど、まずは〝接客リスク〟がないところかな。

堀江 本当にすごいですよね。西山さんに聞いてからいろいろ見てみて、「確かに接客リスクがない店ってなかなかないよな」としみじみ思いました。

西山 座らされたら、嫌でもこだわりを読まされる。ほかにすることがないから読んでると、おいしそうに思えてくる。っていうのもすごいよね。

堀江 内側で作ってるけど、笑顔なのかもわからない！

西山 アルバイトがふてくされて出して「感じ悪いな」って思われるリスクがない。「いらっしゃいませ」を機械が率先して言うから、〝「いらっしゃいませ」と言われなかった〟というクレームのリスクもない。ブースだから長居する客もいない。

堀江 **彼**は日本版レイ・クロックですよ。

西山 スープもセントラルキッチンで作ってるみたいだね。

堀江 そうですね。

西山 とんこつラーメン屋さんで、店で炊いていないのに流行っているお店って、

彼
株式会社一蘭代表取締役社長の吉富学氏。一蘭は創業1993年。現在85店舗で年商28億円。

あんまりないんだよね。普通店内でぐつぐつやってるし、客はそれをおいしそうと思うわけで。『一蘭』は、それをせずに単価を高くして、集客もしている。いや、すごいよ。

堀江 天才ですよ。メニューもめちゃくちゃ少ない。

西山 味のぶれも少ない。オーダーミスもない。ほんとに面白い業態だと思うわ。

堀江 僕、最初はわかんなかったんですよ。客にオーダーシート書かせて、珍しい店だなって。今思うと「そういうことだったのか」って気づくことだらけなわけなんだけど。

西山 最初にああいうオーダーシートを作ったってことは、相当いろいろ疑ったんだろうね、常識を。なくてもいいもの、必要性のないものを削っていった。詳しくは知らないけれど、相当収益性が高いと思うよ。

堀江 儲かっているでしょうね。10年くらい前に上野アトレ店ができたばっかりのときに、1日4000食売ったとか言ってましたから。

西山 とてつもないね。

堀江 客単価1000円くらいでしょ。1日400万くらい売ってる。月1億超

西山 えますよね。

堀江 1店で年商12億って、それはもう、ひとつの会社だね。

西山 すごい会社ですよ。

堀江 発想が面白いもんなー。普通はあんなことやろうと思わない。イノベーティブだよね。

西山 でも、まだまだ考えられることっていくらでもある。マクロの経済の動きと技術を見て考えていると、非効率な部分は山ほどありますよ。厨房機器でさえそうですから。

堀江 厨房機器もね、こっちからリクエストしてる。あとは、いろんな会社がそれぞれに個性的な技術を持ってるから、こまめにチェック。それを導入するとできるメニューはなんだろう、とかね。これからは、たかぽんも言ったように、人材の確保が大変になってくるし。

西山 西山さんのところは、厨房でやることのレベルが比較的高くないから、人材の幅は広げられそうじゃないですか。

堀江 まあね。でも人が足りないってことは、人件費が上がるってことだから。

人件費を割けるところに人材が集まる。そのためには利益率を上げていかなくちゃいけない。飲食ってFLRという大きな指標があって、**レイバーコスト**をいかに下げるかっていうのが課題でしょ。よく、外食の経営者が「飲食で働く人の地位を上げたい」って言うんだけど「具体的になにをするんですか？」って聞くと「わかりません」で終わるんだよね。結局地位を上げるには、給料を上げなくちゃ。でも飲食業界は利益率が低くて給料が上げられない。だから、会社として取り組んでいかなくちゃいけないんだよ。

堀江 そうすると、客単価を上げるしかないですよね。

西山 そう、付加価値の高い提案をし続けていかないといけないね。

堀江 エンターテイメント性を高めるのが大事だと思いますね。その店に行くことで得られるもの、お客さんを喜ばせるもの。まだまったく開発されてない気がするんだけど。

西山 すごくそう思う。特に単価の高い店はエンターテイメント性が重要になってくる。価格の安い店は「この値段でコレ！」っていうところを強くして

FLR
「food（材料費）」、「labor（人件費）」、「rent（家賃）」のことで、飲食店の3大コストといわれる。

レイバーコスト
人件費。

いかないとね。それぞれ望むところは違うよね。『WAGYUMAFIA』なんて、すごくいいよね！　面白いよ。

堀江　あれはあれでいいのかなと思っています。単価の安い店でもお客さんを喜ばせたり、ワクワクさせられるアイテムっていっぱいあるんじゃないかと思うんですけど。

西山　うーん。

堀江　ポテトにトリュフ塩をひょいっと振れば一気にリッチになるわけじゃないですか。ただのフレンチフライを倍の単価で売れる。

西山　そういう余地はあるよ。

堀江　できることはいっぱいあるんですよ。

西山　そうね。ラーメン屋さんだって、これほどたくさんお店があって、お客さんが入っていない店もあるでしょ。でも「入ってない」のに変えようと思わない。俺からすると、逆にすごいと思うわ。

堀江　びっくりするほど変えない。

西山　そういう人、多いんだよ。うちのフランチャイズになったほうが幸せになれるって思うんだけど(笑)。

堀江 確かに。

西山 魅力ある業態の開発ができないなら、フランチャイズで業態を買うのはいいと思うんだけどなぁ。クリエイティブな人って、この世にそうそういないんですよ。

堀江 ずーっと同じこと続けてる人も多いですよね。

西山 そば屋さんとかね。

堀江 流行ってたらいいんだけど、これが流行ってないんですよ。

西山 よくやってられるなぁって思うよね。「こんなもんだ」って思いながらやってるのかな。お客さんの立場になってみたら、いろんなことができるのに、そこに思い至らない。だからたかぽんの話を聞きたいんだよ。

堀江 ほかの業界からもっと来ればいいのに。飲食業界に。

西山 うーん、利益率低いとか、大変な仕事だってわかってるからね。来にくいのかもしれない。

堀江 まあね。すぐに安くしようとするし。

西山 極端な話、東大出て飲食業をやってる人ってどんだけいるんだ？って考えると、ほぼいないですよね。

堀江 『すき家』の社長はそうでしたよね。あの人、やばいですよ。こういう人が飲食に来ると、一気にそこそこの会社作っちゃう。

西山 一気に日本一だもんね。

堀江 ゴリゴリにやってますもん。頭のいい人がゴリゴリにやると怖いですよ。

西山 でも、そういう人少ないから。

堀江 そうですね。少ないです。そう考えると、ベンチマークすべき店はたくさんあるし、僕もやってて、まあちょっと時間はかかりすぎてるんですけど、楽しいですよ。

西山 そう、楽しい。大変なんだけど飲食は楽しいんだよ。僕も、お店を作って、お客さんがいっぱい来てくれるのを見ると、すごくうれしいもん。それがやっている理由ですね。

「生のフルーツや、インスタ映えにはお金を使ってくれるけど、そのままのビールにはシビアだよ」（西山）

堀江 そういえば、西山さんってプライベートブランドの商品開発とかあまりやってない？　それともやっても利益につながらない？

西山 いやいや、『牛角』のときはキムチ作ってスーパーで売ってたよ。

堀江 ああ、あれは今もありますね。というか、スーパーというより、フランチャイズのお店に対して、ブランド商品を売って利ザヤを引っ張るっていうのは？

西山 それはね、『牛角』のときにフランチャイジーさんに対して、商品供給のパーセンテージを上げてっていうのはしてた。それが数十億の利益を生んでたけど、それをやるとスケールメリットがなくなっちゃう。素の利益を取ってしまうと、大量に入れてるから安く売れてるってことを利益にしちゃってる。それで、今度の会社ではそれはやめようと思って。そこで収益を得るというのではなくて、フランチャイジーさんからロイヤリティをいただいて、スケールメリットをつけていく。競争相手が出てきたときも、相手が真似できないクオリティと価格設定にしておいた方がいい、という発想。

堀江 飲み物とかは？　『WAGYUMAFIA』ではオリジナルのＩＰＡビールを造って、これがおいしいんですよ。

西山 高級店だったらいいかもしれない。でも、単価の低いうちの業態の場合は、うちに来るか、ライバル店に行くかってなったときに９００円のＩＰＡビールは選択の要素にならないよね。お客さんは生ビールの値段を見て店を選んだりするから。

堀江 単価が低いとそうなっちゃうか〜。

西山 僕らにとって、安さはすごく重要だよ。ちょっと値段を上げただけで反応する。おいしくて自信のあるメニューでも、１００円上げたら出ないとか、日常茶飯事。すごく重要なんだから。

堀江 上げる方法はないのかな。

西山 ドリンクはね、最近うちで売れてるのは生レモンサワー。レモンを輪切りにして、冷凍で積み上げて真ん中にボンと入れる。キウイとかスイカでもやってるんだけど、これには高くても払ってくれる。生のフルーツを使ったり、インスタ映えするものならいいんですよ。でも、仕入れたままのビールではできない。

堀江 タピオカはやらないんですか?

西山 出している店もあるね。『すみれ』では、タピオカサワーが飲める。でも、タピオカ専門店はやらないな。

堀江 うはは(笑)。

西山 データを見ても、安定して継続できる保証がない。一時の流行になるだろうから、リスクが高いよ。

堀江 すごいですよね。

西山 今はね。次はチーズティーとか、いろんなのが出てくるんですよ。でも、

堀江　ああいうのは難しいかな。コーヒーとかならいいんだけど。

西山　定番にいきますよね。

堀江　うん、定番じゃないとリスク張れない。怖い。

西山　カレー屋はどう？

堀江　そうねぇ。

西山　そういえばやってないですね。

堀江　いや、前にやってたよ。

西山　そうなんですか！

堀江　うん。『カレキチ』っていうのを昔。新橋と秋葉原ですごくうまくいってたな。でも、弱い立地になると収益性が低い。人通りが多いところはよかったんだけど、単価を低くしちゃったんで。

西山　なるほどね。

堀江　カレー屋って、実は多店舗展開、あんまりないでしょ。『ココ壱番屋』と『ゴーゴーカレー』くらい。『ココ壱』がいいのは、単価を高くしているところ。カレー単品だとそんなに高くないけど、トッピングしているうちに高くなっちゃう。

堀江 そうか、あれはカツとかのっけちゃうところが大事なんだ。

西山 そう、いかにトッピングさせるか。カレーのもともとの悩みだった、カレーとごはんのバランスとか、具の組み合わせとか、そういうのを全部解消しているのが『ココ壱』のよさ。ルーもおいしいから、単価が上がってもお客さんは納得しているのもすごいね。

堀江 『ココ壱』ってなかなかコピーされないですね。

西山 そんなに利益率は高くないいんだと思うね。

堀江 そうかも。トッピングの利益率が低そうだ。

西山 あとはフランチャイズが全部自社独立なんだよ。**ブルームシステム**っていうのがあって、何年か働いたら会社側が保証をしてお金が借りられる。そのお金でオープンしてくださいって。独特な伸ばし方をしてるんだよ。独特すぎて、真似ができないのもある。

堀江 それは独特。

西山 カレーをあったためる鍋もひとつひとつ別にやってるじゃない？　あれ、な

ブルームシステム
株式会社壱番屋独自の独立支援制度。

んとかならないかなって思うんだけど。

堀江　確かにあれなんなんでしょうね。

西山　なにか味を調整しているのかな。煮詰まったりするから。わかるのは、おそらくあれは味を守るための努力なんだよ。僕が見てると「もっとほかに方法があるんじゃないかな……」って思っちゃうけど。でも、人のチェーンまで心配していると頭がパンパンになっちゃうから、自分のことだけ考えようと思ってます。

堀江　西山さんの話を聞いてると、本当に楽しくて。なんでも教えてくれるし。

西山　たかぽんは頭がいいから。疑問を感じてくれたり、理論的な裏付けのない話じゃつまらない。

堀江　今日も勉強になりました。ありがとうございました。

ダイニングイノベーショングループ

国内では「やきとり家すみれ」をはじめ「Italian Kitchen VANSAN」「焼肉ライク」「しゃぶしゃぶれたす」「じねんじょ庵」「寿司あおい」を、海外ではインドネシア、シンガポール、アメリカなど9つの国と地域に出店しグループ全体で計272店舗を展開。現在は〝一人でも気軽に焼肉が楽しめる、焼肉のファストフード〟「焼肉ライク」が日本のみならず海外でも人気を博している。

鮨さいとう店主

齊藤孝司

vs.

堀江貴文

齊藤孝司

2

•••

SAITOH TAKASHI

1972年生まれ、千葉県出身。高校卒業後、アルバイト先の魚屋の親方が食べさせてくれた鮨がきっかけで鮨職人の道へ。2000年「鮨かねさか」の立ち上げにかかわる。2004年分店「鮨かねさか赤坂店」を自転車会館にオープン。2007年「鮨さいとう」に店名を改め、店主となる。2014年に赤坂から六本木へ移転。『ミシュランガイド日本版』には初年の2008年版に1つ星を獲得。2010年からは10年連続で3つ星を獲得するも、昨年、星を辞退し話題となった。

「LDHと組んだのは、人を抱えておける場所がほしかったから」（齋藤）

堀江 2020年も展開がすごそうですよね。噂は耳にしますよ。

齋藤 多分本当ですね、それは（笑）。

堀江 僕が齋藤さんのお寿司を食べはじめたのは、赤坂の自転車会館にあったころですよね。席数自体はあんまり変わってないのかな。

齋藤 そうですね。6席くらいでした。

堀江 ここ2〜3年くらいの展開、すごいなぁと思って見ていました。今、店舗数は？

齋藤 『鮨さいとう』としてやっているのは、ここ（六本木）と香港フォーシーズンズホテルです。プロデュースしているのは、中目黒の『つぼみ』とマレーシアの『たか by 鮨さいとう』です。

堀江　『つぼみ』はLDHと一緒にやっているんですよね。どうしてなんですか？

齋藤　HIROさんと組んではじめたんです。理由は……お互いの目的がすごくぴったりと合ったんですね。

堀江　へえ！　具体的にはどんなことですか？

齋藤　LDHさんは、『LDH kitchen』でさまざまな業態の飲食店をやっていらっしゃるなかで、HIROさんが〝本物〟をやりたいと。

堀江　齋藤さん側はなにをしたかったんですか？

齋藤　僕も、新しいお店はやりたかった。これからいろいろなことをやっていくつもりなので、人を抱えられる場所が欲しかったんです。ですから、『鮨さいとう』という名前ではできないけど、一緒にやりましょう！と。

堀江　なるほど。

齋藤　だから『つぼみ』の社員はLDHじゃなくてうちの社員なんです。学校みたいなイメージかな。ただ、人件費はLDHが持ってくれていて、ロイヤリティのような感じになっています。

堀江　社員にしているってことは……。

LDH
EXILEをはじめとする人気アーティストが多く所属する大手芸能プロダクション。

齋藤　なにか新しくやるときに、そこで働いている子を動かせるんですよ。

堀江　ああ、そうか！　人材プールみたいなことですね。『つぼみ』で何人ですか？

齋藤　カウンターに4人立てるようにしています。やっぱりいろいろやりたくても〝人〟を育てる場所がないと。

堀江　ここだけでは足りませんね。

齋藤　『鮨さいとう』がいくつもあったとして、そこに僕がいないというのはブランドとしてどうなんだろう……ってことになりますもんね。そんなこと考えていたところに、ＨＩＲＯさんとのお話があったんです。

堀江　香港は『鮨さいとう』でやっていますが……。

齋藤　うちで7年間きっちり働いた子が行っていますからね。ただ、やっぱり香港も僕は最初「別の名前で」と言っていたんですけど、名前を使うことも契約条件だったというのもあって、「さいとう」の名前を使うことになりました。ただし、1店舗目だけですけどね。2店舗目を出すことになった場合はセカンドブランドになるんです。今、そのセカンドブランドの準備をしているところで、今後はおそらくそちらを展開していくことになります。そのためにも人が必要ですよね。

堀江 香港はどれくらいのスケール感なんですか？

齋藤 メインカウンターが16名様ほどで、働いているのが6人ですね。裏に個室があって8名様で、その板場に4人くらいいます。合計10名の体制にして、たとえばここ（『鮨さいとう』）に入った若い衆が香港に行くこともあるし、『つぼみ』に行くこともある。ゴールがここで、ここまで来たら、次は自分のお店。そんなシステムを作れたらいいなと思っています。

堀江 なるほどね～。

齋藤 今度、うちの二番手が独立するんですよ。

堀江 へえ！

齋藤 それがね、隣が空いたので、壁をブチ抜いて16席くらいにしたらいいかなと思って。

堀江 ここで独立するんだ。

齋藤 隣で彼自身が会社を持って独立。最初の費用と、裏（厨房）は共有する形です。その恩をどう返すかは彼次第！

堀江 どうなるんだろう(笑)。

齋藤 すべて返したらお店は完全に彼のものになるわけですよ。それまでは、場所を提供する業務委託みたいな感じですね。その場所で、自分のお客さんを呼んで好きにやってくれ、という銀座のクラブのお姉さんみたいな感じです(笑)。代わりに家賃と返済を受け取るというわけで、お互いにいいんじゃないかと。

堀江 寿司屋の独立の仕方だと、四谷の『すし匠』はすごいですよね。

齋藤 そうですね。素晴らしいと思います。システム自体はよく知らないんですが……。

堀江 齋藤さんでも、わからないですか?

齋藤 ぼこぼこ独立していくなーっていうのは実感してますけど。

堀江 多分、2種類あって、『匠〇〇』という屋号と『鮨あらい』さんみたいに自分の苗字を使うパターン。あれは独立時期の違いのようです。

齋藤 **中澤さん**との資本関係はあるんですかね。

堀江 **ないみたいです。**

中澤さん
中澤圭二氏。1993年四谷に「すし匠はな家与兵衛」をオープン。酢飯を2種用意する、握りと肴を交互に出す、産地ごとの食べ比べなどなど、客ファーストの新しい試みを次々に展開し、一大繁盛店となる。多くの弟子が独立し、「すし匠系」としてそれぞれ人気を博している。2016年「すし匠ワイキキ」をオープン。現在はハワイでの新たな魚文化の発展に努めている。

齋藤　僕は、資本の関係はあった方がいいと思ってるんです。飲食店ってね、独立自体は誰でもできるんですよ。うちで1年働いた子が、「『鮨さいとう』にいました」って言えば、それだけである程度はできるかもしれない。でも、僕としては、名前を使われるだけよりも一緒になにかやっていける関係でいたいんです。親会社と子会社じゃないけど、どんどん作っていって、繁栄して。いつか大きな仕事をするときに人も出せるじゃないですか。

堀江　人の問題は必ず出てきますからね。

齋藤　結局、人を抱えておけないから、どこかから引き抜いてきて、ちょっと研修させて……っていうやり方も多い。それじゃあ、真の意味で僕たちのやり方を広めることはできないから、人を抱えておけるシステムを作りたいんです。

ないみたいです。 2018年発刊の「堀江貴文VS.鮨職人」で、「鮨あらい」の新井氏はすし匠について、独立した人がお金を収めることはなく、逆に困っている場合は中澤氏が手助けしてくれると語っている。

「今の若い子の寿司屋って、お客さんは流れるのが前提。ぐるぐる回ってくれればいいと思っている」(齋藤)

齋藤 結局、独立するときってお金の話になるんですよ。独立する方は当然「別にやったほうが稼げる」という気持ちで辞める。もちろん、好きなネタを仕入れたいとか、人を育てたいとか要素はいろいろありますけど。

堀江 今は、そそのかす人もいるでしょ。

齋藤 そうそう。そそのかされて独立する人が大半じゃないかな(笑)。

堀江 でしょうね。

齋藤 実際、今はオーナーシェフってほとんどいないでしょう。「自分でやってます」って言ってても、多分誰かがお金を出していています。それが悪いというわけではないんですけどね。ただ、簡単に店を出せることで、人が流出して、高いレベルの店を作るのは難しくなる。

堀江　そうですね。

齋藤　特に寿司は、食べたい人口に対してお店の数が少ないから、ビジネスとしてはチャンスだらけなんです。

堀江　いまだにそうですか。

齋藤　そうですよ。

堀江　〝寿司バブル〟って言う人もいますね。

齋藤　バブルです。そして、しばらく続きますよ。

堀江　トップランナーが言うなら間違いないね。

齋藤　だって、オーナーのいる、いないに関わらず、スマホ1台あれば世界に発信できちゃうわけですよ？　しかも、その写真が〝真実〟として流れて行って、「すげえ！」ってなればみんなが行っちゃう。その味、裏にあるドラマ、なにも関係ないんです。だから、独立したもん勝ちだなと思います。

堀江　本当にそうですね。

齋藤　お客さんの取り合いになるかと思いきや、外国人がいっぱい入ってくるでしょ。上手にシフトチェンジして、お金を持った新しいお客さんを顧客にできれば間違いない。僕らの代以前では考えられない。

堀江 それ以前、だったわけですね。

齋藤 だから、「どうしたら満足してもらえるだろう」って真剣に考えてた。今来てくださるお客さんを放したくない。顧客のありがたさが今よりも重かったし、特に狭いカウンターでの商売だから、特に大事に思うんです。

堀江 「また来てください」という気持ちが今より深かったということですね。

齋藤 今の若い子のお寿司屋さんって、お客さんは流れるのが前提。固定客になってくれなくても、ぐるぐる回ってくれればいいわけです。これは全然違うことですよね。あとは〝商売になるお客さん〟をきっちり押さえる。そんな売り方をしてるんじゃないかと思います。狭い店にして予約を取れなくするとかね。

堀江 ああ、それはみんなやっていますね。

齋藤 僕と堀江さんは同世代で、ちょうどSNSなんかをビジネスに取り入れられている世代じゃないですか。僕たちのちょっと上だと、そうはいかなくて。

堀江 お寿司屋さんには浸透してないんじゃないかと思ってましたが……。

齋藤 全然！　逆ですよ。

堀江 浸透してきましたか。そうか。

齋藤 そうですよ。「ホリエモンさんが○○って寿司屋で食べてる」っていう1枚の写真が出ただけで、一度は行ってみたいと思う人がたくさんいる。何万人という集客につながるんですよ。

堀江 値段次第でしょうけどね(笑)。

齋藤 悪い言い方すると、最初の〝とっつき〟はすごく楽になったと思います。

堀江 それはそうでしょうね。立地も関係なくなったし。

齋藤 もう全然関係ないですよ。

堀江 高級業態になればなるほど、関係ない。地方だって行きますから。

齋藤 だから、上手にスマホを使ってプレゼンできればそこそこの集客はできます。

堀江 ただ、そういう中で経営拡大までうまくやっている人はまだまだ少ないですよ。

齋藤 そうですね。

堀江 やっぱり1店舗の運営で手一杯。先のヴィジョンまでは考えられないのか、考えるつもりがないのかわからないですけど、そこまで行っていない人は多いです。『すし匠』の増え方がビジネスなのかどうかは別として、寿司業界の一大勢力になっているのは確かじゃないですか。少なくとも人の融通はうまくいっている。

齋藤 ほんと、勢力ですね。

堀江 一方で、『銀座久兵衛』さんとかって、めちゃめちゃ昭和っぽいでしょ。外国人は受け入れてないし。まあ、『すきやばし次郎』クラスになるとブランドとして別格ですけど。

齋藤 寿司は、お店というよりも、人にお客さんが付くんです。これは日本の美学ですよね。僕はビジネスの展開もあって、よく海外の人とお話しする機会がありますけど、「なんでもっとお店を広げないの?」「大きくしないの?」と、いつも聞かれるんですよ。人をもっと増やして握らせればいいじゃないかって。これが海外と日本の差なんですよ。海外は、人じゃなくてブランドでビジネスができる。僕がいなくても「さいとう」ならＯＫ。日本だと「さいとう」なのに齋藤がいないじゃないか！ってなっちゃう。味がまったく一緒だったとしても、です。気持ちの面から味が落ちちゃうんですね。

堀江 なるほどなー。

齋藤 だからね、店名はすごく大事。これから独立する子にも「自分の名前にするのやめたほうがいいんじゃない？」って言ってる（笑）。

堀江 うはは。

齋藤 自分の名前を使っちゃうと、拡大するときに大変なんですよ。名前を使わずに一般名詞や地名にしておけば、どこに出して誰が立とうが関係ないんだから。展開するときには楽（笑）。

「シャリロボットの仕事を見ながら、『こいつら絶対辞めないんだよな』って思ってた」（齋藤）

齋藤　これから外食ビジネスっていうのは必ず人手の問題になります。だからいよいよ大変になると思うんです。

堀江　特に寿司はね。シャリマシーンとかどうなんでしょうね。

齋藤　今度、香港の空港に出す店には導入しようと思ってます。

堀江　へえ！　空港？

齋藤　そう。まぐろの『やま幸』さんと僕のプロデュースでね。巨大なハブ空港ですから、20時間営業なんです。人間だけでやるのは無理だってことになって。最初に向こうのパートナーが「ロボットを使えば？」って言い出したときは半信半疑だったんですけど、**シェア7割の寿司ロボットの会社**が

シェア7割の寿司ロボットの会社
1955年に創業した鈴茂器工株式会社。1981年に世界で初めて寿司ロボットを発明。利益率15％を超える優良企業。

練馬区にあるんですよ。そこに見に行ってびっくりしました。シャリの温度、空気圧、大きさ、形が３～４段階に分かれていて、ボタンひとつで選べる。僕、そのロボットの仕事を見ながら「しかも、こいつら絶対辞めないんだよな～」って思ってた。

堀江 本当にそうですね（爆笑）。

齋藤 しかも、ずーっと見ている間はもちろんのこと、５時間後もまったく同じ仕事ができるんだなと思ったら、ちょっと脅威にすら感じましたよ。気合入れて仕事しなくちゃって（笑）。

堀江 技術レベルはね。ＡＩ技術も出てきてますから、微妙な握り方まで技術的にはできると思いますよ。

齋藤 そうなりますよね。

堀江 今は、そこにリソースを投下してみて利益が出るかどうかを見極めているだけで、すぐに導入されるでしょ。ひと世代前のソフトウェアの時代にはできなかったんですよ。

齋藤 そうなんですね。

堀江　ニューラルネットワークを模したディープラーニングの仕組みができたことによってできるようになったんです。最初は、１９８０年代の郵便番号の認識から始まったんです。数字は0から9までしかないからある程度プリミティブな回路もできたんですけど、ここ10年でこれがすごく進化した。コンピューターのリソースを大量に回して、これまでに蓄積された画像や映像のビッグデータをぶち込む。ものすごい試行錯誤をさせて、正解に近いものを導き出すんです。例えば、囲碁とか将棋で最近ＡＩが勝つでしょ。ＡＩは囲碁は白と黒の模様だと思って見てる。「この模様は強そう」「この模様はちょっと弱い」という比較をしながら、どう変えたら強くなるかというアルゴリズムを数秒でぶん回してるわけです。人間がやったら１００万年かかりそうなことを。ちょっと難しくなっちゃったけど、シャリの握り方にも、もちろん応用できる。

齋藤　ある程度のものはできますね。

堀江　いや、ある程度のものじゃないですね。おそらく最高のものができるし、5時間後もまったくブレなく最高のものができる、ということです。

齋藤 そうなんですね。とにかく、この目で見に行って本当によかったと思ってます。見なければ「機械においしいシャリが握れるわけない」って思い込んでいたわけで。だって、こっちは何十年、何万個も握ってきて、やっとたどり着いたのに！って想いがあるから。でも、あのロボットを見て変わりました。人がいらなくなることは絶対ないけど、人がいらないセクションは出てくるなと思います。

堀江 そうですよ。

齋藤 飲食店って、特に寿司屋はアナログでしょ。僕でさえ、ここで15時間働いてる。朝、市場に行って、家に帰るのは12時過ぎているわけじゃないですか。無駄、というよりも、僕がいなくても僕の代わりに何かが動く時間ができれば、もっと違うことができるんじゃないかなって。

「市場には行くべき。顔を見て、情報交換して、プレッシャーをかけに（笑）」（齋藤）

堀江　今、市場の話が出ましたけど、豊洲はやっぱり毎日行かないとダメですか？

齋藤　そうなんです。そこがね……。

堀江　なかなかみんな答えてくれないのよ（笑）。

齋藤　うーん。変な話、僕が行かなくても、僕のネタは取っておいてくれます。何十年もつき合ってるから、好きなネタや好みをわかってくれてる。ほかも、行くところは決まってると思いますよ。うちの場合は、毎朝５カ所回るんですけど、春夏秋冬、買うものはほぼ決まっていますね。値段も「今年は〇〇が高いな」くらいのことはあるけど、変わらない。つまり、毎日行かなくても今まで通りのものは確保できます。ただ、人間対人間の部分があって、もしも行かなかったら、「今日は2番手のものを出そう」ってこともできる。

堀江 そうなんだ。

齋藤 そうですよ。やっぱり人間って、いつも妥協との境目にいるわけですよ。でも、毎日フェイスｔｏフェイスで、僕が選ぶ、お客さんの意見を伝える、向こうも意見を言う。その繰り返しは必要なのかな、と。

ちなみに僕は、今は毎日行っているわけじゃなくて、2日に1回にしていて、どうなるかなというのを見ているところです。

堀江 人によっては、例えば大間のマグロ漁師だか仲卸とＬＩＮＥでつながってて、「こんなの揚がったけどどう？」って連絡が来て、「じゃあ、確保してください」みたいなやりとりをしていたりするみたいですね。

齋藤 もちろん出てきていますけど、全部は無理ですね。豊洲まで1、2時間かかるなら別ですけど、港区や中央区でやっていれば、バイクで15分の話だし。それが大変でやりたくないなら、やらない方法を探る人もいて、それで成り立ってるわけですから。

ただ、行くべきか、行かなくていいのかと言われたら、僕は行くべきだと思います、絶対に。それが毎日じゃなくてもいいので、行くべき。顔を見て、情報交換して、こっちからプレッシャーかけて（笑）。必要ですよ。

堀江 なるほどね。でも、最高級レベルの戦いで、そんなに変わるものですか？

齋藤 正直言えば、そんなに変わらない。ある程度、今の単価のレベルなら目に見えて変わるってことはまずないです。ある程度のレベルの中で、1番2番となると、しっかり食べ比べてわかるかわからないかってところでしょね。

堀江 ですよね。

齋藤 でも、そこの1番を取りたい、買いたいっていう気持ちが僕のモチベーションになる。よく「日本一のマグロ」「今日いちばんいい」なんて言うけど、それは仲買いさんが自分の店にとってのいちばんなわけで、実際に値段に見合った味かどうかは、寿司にしてみないとわからない。つまり、仲買いさんの〝最高〟と僕らの〝最高〟なものがちゃんと出ているかどうかを確認しに行くっていうのはありますね。今、頑張っている寿司屋で、市場に来ていないっていう店はないんじゃないかな。毎日かどうかはわかりませんけど、必ず顔を合わせますよ。

「寿司の流れがガーッと変わってきたときにいちばん上手に波に乗ったのが齋藤さんだと思う」（堀江）

堀江 僕、もうひとつ聞きたかったことがあって。僕は自転車会館のころから齋藤さんの寿司を食べに通っていて。最初は特別に有名なわけじゃなかったでしょ。知る人ぞ知るって感じだった。当時、『すし匠』さんもそうでしたけど。

齋藤 そうですね。

堀江 有名なのはそれこそ『銀座久兵衛』とか『すきやばし次郎』とか。六本木ヒルズができて入ったのも**次郎さん**だった。それが、ここ10年くらいで流

次郎さん
すきやばし次郎六本木ヒルズ店。親方は小野次郎氏の次男・隆士氏。

れがガーッと変わってきて、それにいちばんうまく乗ったのが齋藤さんじゃないかと僕は思ってるんです。

齋藤 うーん。僕が、めちゃめちゃ運がよかったのは確か。食べログとかミシュランの初期段階で見つけてもらった。辺鄙な場所にある、6席の小さなお寿司屋さんが。あと、僕が若かったのもよかったんでしょうね。

堀江 30代前半？

齋藤 そうです。31、32歳くらいのときに食べログがぼつぼつと始まったわけです。

堀江 そうか、当時としては若いですよね。

齋藤 **金坂さん**が銀座に出してビッグニュースになり、その次が僕で、食べログができて評価してもらって。最初は「食べログってなんだ？」と思ってたけど、ネットで点数をつけたり口コミを書くのって斬新だったじゃないですか。

堀江 いや、食べログより先に**うち**がやってましたけどね。

齋藤 そうなんですね(笑)。

金坂さん
鮨かねさか代表取締役金坂真次氏。2000年に28歳で銀座に「鮨かねさか」をオープン。率いる「かねさか」グループは、東京都内に6店舗、海外に3店舗を展開。

うち
口コミサイトとして人気を集めていた「livedoorグルメ」のこと。

堀江　そうですよ。僕がいなくなっていろいろなくなってしまったんです。だから食べログはセカンドベンチマーク。

齋藤　あはは。失礼しました。そうこうしているうちにミシュランが上陸して、一気にボーンといった感じです。堀江さんのおっしゃるとおり、僕は運がよかった。

堀江　いや、運ももちろん要素のひとつですけど、なにより世の中の流れにうまく乗ったんですよ。

齋藤　いや、僕は乗ってない。なにもしてないですから。

堀江　なにもしてなかった？

齋藤　そう。迎合しなかったのがよかったのではないかと思っています。例えば、ミシュランも調査員ってわかるんですよ。初年度は招待状が来ても無視して、パーティも行かなかったし。最初に「対象店になったので掲載しますから許可をください」という連絡も無視していて。1年目は1ツ星、2年目は2ツ星、3年目は3ツ星になって。なんだかよくわからないけど、なにもしないうちに上がっていった。

堀江 寿司のスタイルとしては変わってないですよね？

齋藤 ずっとおまかせです。いわゆる、つまみではじまって握りで完結するスタイルです。

堀江 おまかせっていつぐらいから出てきたんだろう。

齋藤 修業中はほぼなかったかもしれない。「コハダちょうだい」「マグロ握って」ってやっていたような気がします。誰がはじめたんだろうな。久兵衛さんかな？

堀江 そうなんですか？　確かに久兵衛はおまかせですけど、つまみはそんなに出てこなくて、握り食べて20分で帰れるイメージ。つまみと握りをおまかせで出す店は**2000年代初頭くらいに**ゲリラ的に出てきた現象じゃないかと思ってます。『すし匠』さんもそうでしょ。

齋藤 お寿司って、お酒のつまみとして食べるものじゃなくて、ごはんだったわけじゃないですか。だから、お寿司を10貫、パクパク食べて帰るっていう文化が、「両方つきますよ」に変わっていったんでしょうね。昔の寿司屋にはお茶と日本酒しかなくて。でも、今はワインもシャンパンもあって、

2000年代初頭くらいに
「東京最高のレストラン」のバックナンバーを紐解くと、2002年オープンの「さわ田」がおまかせのみ、「あら輝」もおまかせ主体。このあたりから流れがおまかせにシフトしてきている。

日本酒もすごいのが出てきて、そうなるとやっぱりつまみもよくなってい
かないと。

堀江 そうですよね。

齋藤 言われてみると、そこに乗ったのかな。食べログがはじまった頃って、寿司屋にはだいたいワインはシャブリが1本あるだけだったのが、高級ワインを置く店が出てきはじめて、寿司屋が〝寿司レストラン〟に変わっていく時期だったのかもしれませんね。

堀江 その中でトップランナーを走れたんですね。

齋藤 いやあ、そこは別に……。

堀江 旧来型の師弟関係のシステムとかのれん分けでやっていると、そのへんは変えにくいでしょう。実際に僕は見てきたわけだから。急速に『鮨さいとう』の名が高まって、「え、それって自転車会館の、あのさいとう？」って(笑)。

齋藤 そう考えると、よかったのはお客さんかもしれない。堀江さんもそうですけれど、僕が30代で、僕のちょっと上の40歳手前くらいの経営者の方々が

堀江　お客さんになってくれたのはデカかったかもしれないですね。ベンチャーの社長さん、多かった。

齋藤　あ、そうですよね。その層は、久兵衛さんや次郎さんに行くと若造扱いされちゃう。

堀江　そうそう。そっちは敷居が高いから。そういう方々のおかげで、SNSの波にも乗れて。そうだ、お客様のおかげだ。

齋藤　なるほど。独立と波が来たのが一緒くらいだもんね。2007年に『鮨さいとう』になってるけど、iPhoneが発売されたのもその頃だ。

堀江　そうですね。

齋藤　ミシュランが来たのが2008年。そう考えると面白いですね。

堀江　今、インスタを駆使してうまくいっている人たちも、その波に乗ってる人たちですね。僕はやってないけど、結局波には乗ってしまったみたい。

「飲食店のパフォーマンスは、今、1.0。次の展開のキーワードです」（堀江）

堀江 最後に、人材確保の話に少し戻って。いろいろなお店や厨房を見せてもらうと、やっぱりどこでも人材は不足していて、例えばキャッシュレスとかレジレスっていう動きってあるじゃないですか。僕も自分の店では、スタッフには誰でもできるようなことしかやらせない。ホールスタッフのスキルでも厨房に立てるようにしています。そうしないと確保できないんですよ。そういう点で、寿司っていちばん人材確保が難しそうじゃないですか。

齋藤 レシピがないからですね。

堀江 なるほど、定量的じゃないわけですね。でも、定量化は必ずできるから、オートメーション化は視野に入れられると思うんです。

齋藤 うーん、例えばアワビとかタコを蒸すんだったらレシピ化できるかもしれないですけど、切りつけや握り方、握り具合っていうのはレシピがいっさいない。機械じゃない限り、定量化はできません。

堀江 でしょうね。

齋藤 だから、オートメーション化したくて考えても、ほとんどない。

堀江 ロボットが握るときは？

齋藤 シャリ玉がポトリと出てきて、そこにネタをのせて、きゅっと握るんです。

堀江 そこには必ず人が介在するわけですね。

齋藤 そう。全部機械でやるのは無理なんです。どこかで手をかける必要があります。

堀江 でも、それだと覚えられそう。

齋藤 あと、もうひとつ問題なのが、そこに立つ人間のモチベーションかな。まあ、向こうは辞めたらまた次の店に行けばいいって思ってるかもしれないけど……。

堀江 僕は、『WAGYUMAFIA』ではそこを定量化してるんです。例えば、料理を出すときに「行ってらっしゃい！」って言う。そこをみんな写真に撮って、インスタに上げる。撮らない人にも「ここ撮るとこですよ！」って言って撮らせちゃう。パフォーマーとしてのモチベーションですね。

齋藤　やっている本人のね。

堀江　そう。やっている本人が写真に撮られたり、みんながこれを見に来てるんだな、と、自覚する。

齋藤　それを定量化するというわけですね。

堀江　「行ってらっしゃい！」も実はマイナーチェンジしてるんですよ。海外イベントでウケたことをすぐ取り入れたりして。例えば、トリュフを削るときに「もっと！　もっと！」って言うとかね。そうすると、すぐ真似をしてほかのスタッフも取り入れるんです。僕は、飲食店のパフォーマンスは1．0だと思っているんです。

齋藤　1．0？

堀江　はい。今、やっていることが1。特に、寿司は鉄板焼きと並んで、お客さんの前でパフォーマンスをする。ほかにはほとんどない、唯一無二の業態なわけじゃないですか。だからこそ、そこに人は介在すべきだと思うんですよ。そうしないと、スーパーのパック寿司と同じだもん。

齋藤 そうですよね。

堀江 齋藤さんがおっしゃる通り、ロボットが握ったシャリ玉にネタをのっけて出すだけでは、モチベーションが下がる恐れはある。でもパフォーマンス1・0の方向でエンタメ要素はまだいくらでも考える余地があると思うんですよ。そこが店舗展開の次の正解のような気がしますね。

齋藤 キーワードかもしれないですね。

堀江 正直、今は切りつけや握りの技術を自分のビジネスにつなげているというのがほとんどの店のやり方で、それでも売り手市場なわけですからうまく回ってますけどね。やっぱり今後は人材確保がいちばんのネックだから。

齋藤 本当にそう。有能な人材ほどすぐ独立しちゃう。

堀江 独立したらなんでもできますからね。

齋藤 そう。勝手に育って勝手に出てっちゃいます。でも、最初に言ったようにグループの中でみんなで大きくなっていくようになれば、育った子とも一緒に仕事できるわけですよ。

堀江　うんうん。

齋藤　本当に、人以外にない。有能だろうが、そうじゃなかろうが、いてくれさえすれば1にはなる。マイナスになったらクビですけど、いてマイナスになるってなかなかないですからね。なにか必ず可能性が出てきますから、寿司だけにあてはめず、日本酒やワインの勉強をしてもらってもいいわけだし。

堀江　そうですよ。お酒は大事。

齋藤　ほかにも、器や内装もあるし……。寿司が嫌ならほかのことを勉強しようって思ってくれればね。僕もあと10年頑張って……。

堀江　あと10年なんですか？

齋藤　そうです。僕はあんまり長くやるというのは美学じゃない。あと10年、精いっぱいやる。

堀江　どうするんですか？

齋藤　毎日ゴルフでもやろうかな？

堀江　と言いつつ、また6席くらいの店をはじめたりして(笑)。

齋藤　僕もわからないですけどね。最初から50歳で引退しようって思ってたんです。

堀江　あと3年だ。

齋藤　でも、新しい目標ができて、人が増えるとそうも言ってられない。

堀江　**早乙女さん**と同じだ。ま、引退するって言って、趣味の変な店作って、趣味の店の割に毎日いっぱい客が来る(笑)。

齋藤　それが商売なのかもしれないですね。

堀江　〃あきない〃ってやつですね。

齋藤　本当にそう。飽きないです。

早乙女さん
天ぷらの神様と賞される早乙女哲哉氏。1976年茅場町に「みかわ」を開店。名人の名をほしいままにする。2009年、多彩なアーティストの作品が彩る現在の店「みかわ是山居」をオープンした。

鮨さいとう

六本木と香港フォーシーズンズホテル内の「鮨さいとう」を直営し、中目黒の「つぼみ」、マレーシア「たか by 鮨さいとう」、香港空港内のテイクアウトアンド立ち食い寿司屋「鮨孝」をプロデュース。

株式会社トランジットジェネラルオフィス
代表取締役社長

中村貞裕

vs.

堀江貴文

中村貞裕

3

•••

NAKAMURA SADAHIRO

1971年生まれ。東京都出身。慶応義塾大学卒業後、伊勢丹を経て、2001年にTRANSIT GENERAL OFFICE(トランジットジェネラルオフィス)を設立。アパレルブランドとのカフェやレストランなど約110店舗を運営。バルセロナで一番人気のシーフードレストラン「XIRINGUITO Escriba」、ハワイ・ホノルルで人気の絶えないモダンベトナムレストラン「THE PIG & THE LADY」など海外の人気ブランドを日本に上陸させている。その他、シェアオフィスやホテル、スパ、鉄道などのプロデュースし、日本になかった新しいカルチャーや話題のスポットを生み出している。

「〝ブームを作った〟側に入るには先頭集団の5位くらいに入ればいい」（中村）

堀江　中村さんは伊勢丹で働いていたんですよね。

中村　そうです。大学を卒業して7年弱。30歳で辞めてカフェを始めてトランジットジェネラルオフィスを作りました。

堀江　カフェって成功させるのが難しいイメージがあるんですが。

中村　難しいですよ。このときに、なぜ僕がカフェをやったかというと、大ブームだったから。古い雑居ビルがあったら、2階から8階まで全部カフェ。1階だけは高いから入らないっていう。つまり、東京に何千というカフェができる〝瞬間〟にいたんです。

堀江　でも、伊勢丹で働いていて、なんでカフェをはじめることになったんですか？

中村　伊勢丹に入社して、**藤巻さん**という超恩師に出会って。２年目に「辞めたい」って言ったら、「好きなことをちゃんとやってから辞めろ」と言われたんです。それで、学生時代にイベントをたくさんやっていたから、イベントでもやろうかなって。

堀江　ほう。

中村　学生時代にやっていたのはアンダーグラウンドなクラブイベントだったので、社会人になったらオーバーグラウンドでやろうと思ったんです。そのまんま『オーバーグラウンド東京サロン』って名前のイベントを立ち上げて、まだ流行っていないカフェを借り、ＤＪを入れて、パーティとかやってた。それで仕事で出会った方含め、どんどん知り合いが増えていったわけです。

堀江　なるほど。

中村　ミーティングをしている人たちの間で、**山本宇一さん**がはじめた『バワリー・キッチン』がすっごく流行ってたんですよ。来ているお客さんの層も一緒だし、こういうのがこれから流行るんだろうなと思って、僕も飛びつ

藤巻さん
藤巻幸夫氏。伊勢丹のカリスマバイヤーとして「バーニーズ・ジャパン」、「解放区」、「リ・スタイル」などを担当。独立後も「福助」を社長として再建、「藤巻百貨店」をプロデュースするなど活躍。2012年参議院議員に。病のため2014年54歳で逝去。

山本宇一さん
有限会社ヘッズ代表。1997年、駒沢にオープンしたカフェ『バワリー・キッチン』が大ヒット。ブームの立役者となる。以後も「ロータス」や新丸ビル「丸ノ内ハウス」なども手掛け、活躍している。

いた。そうしたら一大カフェブームが来た感じですね。

堀江 じゃあ、カフェブームの前夜くらいだったんですか？

中村 まさにそうですね。それこそ、今のタピオカくらいの勢いのブームだったから、〝カフェブームを作った人〟みたいな取材もむちゃくちゃ多かった。でも、僕は宇一さんの『バワリー・キッチン』を見て飛びついただけだったから、「悪いな……」って思ってました。

堀江 そうなんだ（笑）。

中村 講演会などでもよく話すんですけど、「ブームを作った」っていうのは周りが言うこと。ようは1位グループに入ればいい。僕のちょっと前に、**『カフェ・カンパニー』の楠本さん**が会社を作ったけど、同じように言われていて。つまり、マラソンでいう2位集団に入っちゃうと二番煎じになるけど、先頭集団の5位くらいまでに入ればブームを作った側に入ったと言われるんだな、と気づいて、吹っ切れました。「周りが言うことだからいいか」って。

堀江 気にしてたんですね。

『カフェ・カンパニー』の楠本さん
「WIRED CAFÉ」などで有名なカフェ・カンパニー株式会社代表取締役社長楠本修二郎氏。2019年11月、本書にも登場する花光雅丸氏の株式会社サブライムと経営統合し、GYRO HOLDINGS株式会社を設立。共同代表となる。

中村　そう。カフェブームは宇一さんなのに……って。
堀江　誰も知らないから大丈夫ですよ(笑)。

「クラスカ以後いろんなプロデュースの話がくるようになった」(中村)

堀江　『クラスカ』もですよね？　あれはなんで作ったんですか？
中村　当時、『サイン』と『オフィス』っていうカフェを作っていたんです。『サイン代官山』があって、その次に『オフィス目黒営業所』っていうカフェを雑居ビルの2階に作ったんです。
堀江　へえ。
中村　『サイン』は待ち合わせカフェとして作りました。そのころはまだ、全部僕がクリエイティブをやっていて、映画のチラシみたいなものを作るのが自分の中ですごく楽しかった。例えば、自分の父親と甥っ子を使って、「ずいぶん高い山だったね。今度は7合目まで頑張ろうよ！」って言っているところに『サイン』のチラシが飛んできてるとか、「六本木ヒルズ、オープンおめでとうございます。うちも新営業所を目黒にオープンします！」みたいなことを、父親と叔父と受付のかわいい女の子を使って作ったり。

堀江 それが『クラスカ』になるんですか？

中村 いえ、そのカフェの隣に『ホテルニュー目黒』っていうのあって、そのリノベーションプロジェクトをやっていた都市デザインシステムっていうところのスタッフが、よくお茶しに来てくれていたんです。僕のカフェを気に入ってくれて「隣で『クラスカ』っていうホテルをやるから、1階にカフェとして入ってくれないか」というお話をいただいたんです。

堀江 なるほど。

中村 まだうちはカフェを3軒しかやっていないし、100席っていう規模もやったことがなかった。お金がないし、プロデュースと運営ならいいですよということになりました。

堀江 それであそこができたんだ。

中村 そうなんです。名前は『ロビー』にして、DJを入れて、「ロビーで遊ぼう!」っていうコンセプトにしました。当時、LAの『スタンダードホテル』を見て、ああいうことをしたいなって思ってたから、毎日パーティ。

堀江 そもそも『クラスカ』ってどういう意味なんだろう。

中村 僕も同じように思って聞いてみたら、〝暮らし〟と〝クラシック〟を合わせてるって。でも、その答えがホテルに見えてなかったんですよね。〝アートな暮らし〟〝働く暮らし〟〝住む暮らし〟、トリミングサロンを入れて〝犬との暮らし〟……全部ミックスしちゃいましょうよ!って企画を出したら気に入ってくれて、「ホテルは9部屋しかないから、そこもプロデュースしてくれ」ってことになったんです。これはやったほうがよさそうだな、と思って「やります」って言っちゃった。

堀江 おお。

中村 さて、どうしようと思いまして、『パーク ハイアット 東京』にいた名物営業マンを引き抜いて、役員にして、支配人になってもらいました。僕は運営とプロデュース。

堀江　一気に進みましたね。

中村　それまでは、伊勢丹の人とかに会うと「喫茶店やってるんだって？」「なんで伊勢丹辞めてまで喫茶店やってるんだ」みたいに言われて悔しいこともあったんだけど、「お前、ホテルはじめたの？」って言われるようになった。9部屋しかないんですけどね(笑)。喫茶店から企業になりはじめた頃です。

堀江　『bills』は？

中村　『クラスカ』をやってから、いろんなプロデュースの話が来るようになったんです。いろいろやっているうちに、七里ガ浜の商業施設の話が舞い込んできて。レジデンスと商業を合体したようなミニ複合施設を作ってほしいと。プロデュースで入ったわけです。洋服屋とか美容室とかね。

堀江　レストランもってことになったんですね。

中村　PR会社のサニーサイドアップが、オーストラリアのシェフのビル・グレンジャーのマネージメントをやることになって、お披露目ってことで食べさせてもらったら、パンケーキとスクランブルエッグがめちゃくちゃおいしかった。だから「実は、今度海の見えるレストランをやるから、それを

堀江 『bills』にしちゃいませんか?って持ちかけたんです。そこから、僕とサニーサイドアップでビル・グレンジャーを説得。彼らは、本当は最初は都心に出したかったみたいで、「海のそばって、冬は全然入らないんじゃないの?」とか心配されたんですけど、説得しました。そうしたら思った以上に……。

中村 「おいしい」だけじゃない、いろんな要素があったんですかね。

堀江 同じ建物の中にある「ビュートリアム」で髪を切ったモデルとか有名人が食べに来てくれたり、大流行していたアパレルの『シェル』のお客さんも来てくれたり。それから、当時は『朝活』って言葉が流行りはじめていたので、朝食はいけるなとは思っていた。その後、サニーサイドアップとの合弁会社になり、今の勢いにつながっていますね。

中村 もともと『bills』っていうのはオーストラリアなんですか?

堀江 シドニーですね。日本は8店舗。経営は弊社ではないけれど今じゃロンドンにも4店舗、韓国で3店舗、ハワイに1店舗。

中村 地味に増えてますね。

「シェアオフィスの受付にはかわいい子を置く。そういうのが結構大事なんです」（中村）

堀江　ほんと、いろいろやってますよね。

中村　会社は、各ブランドの運営会社とケータリングと不動産の小会社があるんです。いちばん好調なのが不動産。

堀江　不動産は別会社なんだ。

中村　100％子会社です。本体の飲食の運営の話をすると、自分たちでブランドを作って、出資もして、直営するという、みなさんが想像するところの飲食業が3分の1。飲食業態を持っていなかったり、ブランドなどの飲食店をうちがプロデュースして、運営受諾するパターンが3分の1。3つめはライセンス業で、最近は余裕が出てきて自社でもやってるんだけど、お金がある企業やブランドの〝○○ジャパン〟みたいなライセンスを作るという仕事です。

堀江 なるほどね。運営受諾ってどうはじまったんですか？

中村 『クラスカ』をやったころなんですけど、リーマンショックの前で不動産が上がっていて、銀座とか表参道にブランドが丸ごとの店舗を作りはじめた。それまでは、ブランドといえば百貨店に入るしかなかったんですよ。路面店は全然なかった。それが15年くらい前、銀座にシャネルとアルマーニが一気にできて。伊勢丹も調子がよかったので、部長クラスの先輩たちがヘッドハンティングされはじめて。そんなお一人から「中村、お前、喫茶店やってるよな。ワンフロアをカフェにしようと思っていて、本国にプレゼンしなくちゃいけないから、お前行ってくれよ」と。それで本国に連れて行かれてプレゼンしたら通っちゃった。でも、食中毒が出たら大変、つまり自分たちで運営するのはやめたほうがいいってことになった。それで「じゃあ、うちでやりますよ」ってなったんです。

堀江 それでうまくいって。

中村　いろんなブランドから依頼が来るようになりました。アパレルフロアじゃなくて路面店を作る、だからカフェもやりたい。そういう運営受諾ですね。

堀江　また時流に乗ったんですね。

中村　ジル・スチュアートが飲食街じゃないところでカフェ付きのお店をはじめたり、ビームスとかユナイテッドアローズが「新店舗をはじめるから、『サイン』を出張でやってくれ」とか。

堀江　伊勢丹にいたわけだし、ブランドとの親和性も高かったんですね。

中村　ケータリングをやるときは、アパレルのアフターパーティではスタッフもかっこよくキメているのに、日本のパーティはホテルのおっさんたちがいる。「絶対イケメンのほうがいいだろう」って、売れてないモデルとか俳優を400人くらい登録させて、派遣したんです。PRのお姉さんたちからは「トランジットに頼むとかわいい子が集まるわ〜」みたいに言われるようになり、ラグジュアリー系パーティはほとんどうちになりましたね。

堀江　アパレルが多いんですね。

中村　アパレルブランドをいろいろ受けているうちに、インテリアショップや車になって、今は学食なども。飲食業態をやってないところがカフェを作るときはうちに話が来るようになったんです。

堀江 今、どれくらいやってるんですか？

中村 ブランドプロデュースは60軒くらい。いろんな方向にふくらんでいった感じです。

堀江 **ここ**もプロデュースですよね。

中村 そうです。シェアオフィスのプロデュースと運営をやってます。リーマンショックとか地震で、ＳＯＨＯとか外国人向け賃貸から外国人がいなくなって物件が空きはじめたときに、古いビルを丸ごと借りて、共有施設をかっこよくして、シェアオフィスみたいにするというプロジェクトです。いま60個くらいできて、伸びてます。

堀江 そうなんだ。それでそんなにできてたんですね。

中村 ここは４００坪のシェアオフィスで、そこにうちが入っています。前の本社は青山のビル、６００坪を借りて、うちが１００坪入って、やっぱりシェアオフィスにしてます。

ここ
恵比寿ガーデンプレイス内の複合施設「PORTAL POINT -Ebisu-」。

堀江　仕組みを作ったんですね。

中村　シェアオフィスの受付は、モデルとか、普通のカフェよりかわいい子を置くんですよ。あわよくばつき合えるんじゃないかっていう、そういうのが結構大事なんです。さっきのケータリングの女の子版みたいに、いい子がいたら「働かない？」ってどんどん呼んでくる。もちろん時給も相場より高くして。週1でもいいから入ってもらうんです。……っていうのがうちの会社。

堀江　よくできてるなぁ。で、不動産はまた別にあると。

中村　そうです。

堀江　賃貸で借りて、高く貸せるハコを作る？

中村　最初はシェアオフィス事業でやっていくつもりが、銀行や証券会社からは、古いビルの再生事業の方がいいって。オフィスだけじゃなくてホテルにすることもできますから。

堀江　街の再生も面白いんじゃないですか？　街の不動産価値を底上げしちゃう。

中村　次はそれで行こうかな(笑)。ホリエモンが言うなら。

堀江 代官山とか大阪の堀江ってそれでしょ。代官山の古い民家とかを何十軒も借りて、裏原宿からアパレルを連れてきて1階を安く貸したんです。そうしたらおしゃれな人たちが集まるようになり、「代官山っておしゃれな街なんだ！」っていうイメージができ上った。そこから2階も3階も高く貸せるようになるというわけです。で、値段が上がったところで転売。

中村 ニューヨークとか、完全にそうですね。

堀江 ブルックリンとかね。

「田舎だから働く人がまったくいないわけじゃない。ワーホリみたいに来てもらえばいい」（中村）

中村 僕もやってみたいですね、街再生。

堀江 僕自身、街再生はやってみたいと思っていて。たとえば、祐天寺とかの、駅近じゃなくて、少し離れた下馬とか。池尻からも三茶からも遠くて、車じゃないと行けない、みたいな場所をバーッと買って、アパレルとかカフェを並べて感度の高い人たちが集まるようにする。家賃が上がったところで転売。意外と東京は今、インバウンドに使えるんで。荻窪とか綾瀬とかもいいですよね。

中村 なんでですか？

堀江 終着駅だから外国人にもわかりやすいんですよ。荻窪は外資系の日本支社が結構ありますよ。アメックスの本社もありますよ。

中村 そんな理由なんだ。

堀江 だって、自分も例えば韓国に行って電車に乗ったとき、途中駅だととっさにわからないけど、終着駅なら乗っていればわかるでしょ。だから、終着駅で、かつ家賃の安いところに、インバウンドとしてアパレルとかカフェを集積したらいいと思うんです。僕は今、ロケットの基地が北海道の大樹町というところにあるんですが、くそ田舎なんですよ。居酒屋作ったり、パン屋さん作ったり。そうそう、パン屋さんって今すごいんですよ。**五島**

中村　**列島では博報堂がパン屋さんやってるんだから。**

堀江　博報堂が！　今度行くから、行ってみます。

中村　五島列島行くんですか？

堀江　身体障碍者雇用制度っていうのがあって、五島列島がそのメッカなんですよ。身体障碍者の人を社員として派遣していて、五島列島で野菜とか果物とか作ってるんです。そこに行く予定があります。

中村　福江島っていう3万人くらいの人口の島なんです。そこにおしゃれなパン屋さんがあって、こんな場所で成立するのかな、と思いきや「毎日完売なんです」って。

堀江　へえ！

中村　彼は**ノルディスク**と組んで、廃校を利用した**グランピング**とか、地産地消のレストランとか上手にやってる。

堀江　五島列島で。

中村　そうです。去年ふらっと遊びに行って、出会いました。でね、パン屋がなんで成功するのかわかったんです。

五島列島では博報堂がパン屋さんやってるんだから。
博報堂DYグループの旅行・インバウンド専門会社、株式会社wondertrunk & co.が手がける「ワンダートランク」。インバウンド向けのツアーデスク業もおこなっている。

ノルディスク
おしゃれなコットンテントで有名な北欧のアウトドアブランド。

グランピング
グラマラス（魅惑的な）とキャンピングを掛け合わせた造語で、快適で贅沢なキャンプのこと。

中村　ほう。

堀江　パンって毎日食うじゃないですか。パン好きはごはんと同じように食うでしょ。でも家で作れないから買いに行く。おいしかったらファンになる。田舎だから選択肢は限られている。だから通うんですよ。

中村　うんうん。僕も1軒やってるんですよ。七里ガ浜に『パシフィックドライブイン』っていう海沿いのカフェを作ったら、スコーンがあまりにも人気で、山の上のほうに『パシフィック ベーカリー』というのを。

堀江　僕は田舎にいっぱい作りたくて。田舎は競争環境がなくて、すごくいい。若い人を置けば、ほかにいないからそれだけで人が来るし。

中村　そうですね。

堀江　だって、スナックで働いている人って平均年齢50歳以上。でも、働く人が絶対来ないかっていうと、そんなことはないんです。半年くらいの短期にして、〝自分探し女子〟とかにね。自分探し女子は、ワーホリ行ったり、留学したりするでしょ。なんで行くのかっていうと、それしかないからなんですよ。本当は自分探しさえできればどこだっていい。僕、地方に行くのが好きなので、五島列島のパン屋さん、岩手県の遠野市にあるクラフトビールとか、働きに行くにもおすすめだと思いますね。

中村　ああ、堀江さんにうちでプロデュースした徳島県上勝町の『ＷＨＹ』を見て欲しいな。

堀江　なんですか？

中村　僕ね、徳島の阿波踊りは7年間踊ってるんですよ。元上司の藤巻さんが亡くなって、お世話になったゆかりの人たちが集まってお盆に「藤巻連」って名前にして踊ります。どんなに忙しくても、それだけは行く。そんなふうに徳島とは縁がありまして。

堀江　そうなんですね。

中村　この上勝町っていうのが、ごみゼロ宣言をしている街なんです。ごみだけで分類が45種類あって、ごみ置き場がないっていう街。建築家の中村拓志君と、うちのブランディングで、廃材を使ったクラフトビールの会社を作ったんです。それがヒットして、第二工場を作った。こっちは、ケンブリッジ大学卒でターナー賞を取った建築チームが設計して、ケンブリッジの

『ＷＨＹ』
ごみステーション、ラーニングセンター、ホテル、ラボラトリー、体験案内所を備えた複合施設。

学生をボランティアで呼んで作ってもらったんです。さらに、ここのごみ処理施設が環境問題とかサステイナビリティで注目されて、世界中から見学に来るわ、ダボス会議に呼ばれるわ。プレハブの建物を超かっこよくして、宿泊施設やレストランもできてね。今じゃ議員ツアーが来たりして大盛り上がりですよ。僕自身は全然サステイナブルな生活をしていないから大声で言えないんだけど(笑)、このプロジェクトは面白い。

中村 へえ！　ごみステーションが。

堀江 そうです。上から見るとクエスチョンになっててかわいい。

中村 働く人は？

堀江 やっぱり少ない場所なんですが、こういうのを作ると東京から来たいっていう人も結構いて。

中村 面白いですよね。〝地域おこし協力隊〟とかできて。全日空もダブルワーク推進のサブスクをはじめたんです。路線は決まっているけど、月3万円で2往復できる。『WHY』はいつオープンですか？

堀江 4月下旬にオープンです。

堀江　僕も毎年阿波踊りの時期には行ってるんです。アクティビティ増えてて、楽しいですよね。8月に行きますよ！

中村　毎年来てるんですか！　すっごく面白いですよね。

堀江　そう、すごく面白い。でも、ドメスティックでちょっと……っていう一面もあるので、どうにかなんないかなって思ってる。

中村　主催者側の政治的な戦いね(笑)。昔ながらのお祭りで、いいんだけどちょっと見せ方とかやり方を変えれば……ってすごく思うし、みんな言ってますね。

堀江　世界中から何百万っていう人が集まってて、リオのカーニバルを超えられると思うんだけど。でも、歴史があるものになにかしようとすると絶対妨害にあいますね、まだまだ。

中村　阿波踊りは人の数としても、内容も面白くて、日本を代表するお祭りなのに、運営の政治的なこととか。

堀江　もったいないですよ。あ、うちの北海道も来てくださいよ！　地価も上がってきていて…工場とか建てたいんで上がっちゃうと困る部分もあるんだけど。ホテルも作ろうとしてますし。

中村 北海道の大樹町ですよね。

堀江 そう。5月の打ち上げにぜひ。ごはん食べる場所はイケてるところが全然ないので、どんどん作ってますから。

「実は今いちばん伸びてるのがキャラカフェ。大行列なんですよ」（中村）

堀江 今店舗数はどれくらいですか？

中村 110くらいですね。それと、シェアオフィスが40、50。

堀江 シェアオフィス、どうですか？

中村 ビジネス的にはすごくいいですね。最初にプロデュースと内装チームだけ入って、あとは任せるというのもあります。

堀江 ふーん。

中村 今度、西麻布にでっかいのを作るんですよ。交差点にあるビルを1棟借りてやるんです。ほかにも、今仕込んでるのが10個はありますね。

堀江 僕、劇場やりたいんですよね。

中村 へえ！

堀江 **毎年ミュージカルをやってる**んです。自分が観たいもの、行きたいミュージカルを作りたくて。舞台を観に行くのは好きなんですけど、狭い座席で2時間も3時間も座らされて、飲食もできないって……。ちょっと背伸びするだけでうしろのおばちゃんに席蹴られるみたいな。

中村 あはは。

堀江 宝塚も好きなんですけど、背伸びしちゃだめなんですよ。体勢を変えずに3時間とかって拷問じゃないですか？　結婚式の披露宴みたいに、ごはん食べて、お酒飲んで、カチャカチャしてても舞台やってます！　みたいなの、よくないですか？　しかも舞台って7時とかからはじまって、終わってからじゃまともな飲食店はやってないし。それがすごく〝負〟なんです。舞台を観たい人が少ない要因じゃないかと。

毎年ミュージカルをやってる
東京・大阪で公演した「クリスマスキャロル」。食事付きはテーブル席4万円からVIP席15万円まで発売した。

中村　時間がどうしてもね。

堀江　その日はがっつり食わない日になっちゃう。幕間に大してうまくもないサンドイッチみたいの食ったりとかして。もうひとつ、付加価値として飲食で1万、2万円は取れるけど、舞台だけで1、2万は取りづらい。一緒にしちゃって2、3万円っていう劇場があったらいいのに、ないんですよ。ニューヨークのオフブロードウェイとかロンドンにはあるんですけどね。パリのムーランルージュも基本飲食OKじゃないですか。ちゃんとしたキッチンがあって、食事が出せる劇場がほしい。

中村　どうだろう。

堀江　場所ってどこでもいいんですよ。天王洲の銀河劇場が700〜800人規模なんですけど、それくらいがいいんですよ。でもすごく不足してる。2・5次元のアニメの舞台化みたいなやつがすごい人気なんですよね。ネルケプランニングっていう会社がぼろ勝ちしている。

中村　へえ。

堀江　最初は『聖闘士星矢』からはじまって、『テニスの王子様』『セーラームーン』

中村 とか。大人気。うちも、あんまりホームページとかに出してないんですけど、実はいちばん伸びているのがキャラカフェ。『セーラームーンカフェ』とか『名探偵コナンカフェ』……。キャラクターと組んでやるんですよ。『ふなっしーカフェ』で「汁なっしー担々麵」を出すみたいな。そういうことをしていたらすごく流行って、大行列なんですよ。

堀江 うはは！

中村 15店舗まで出ましたよ。それまで月400万しか売上なかった店が、3000万になりますから。完全予約制にしていて完売しちゃうんです。劇場みたいに売り切れ。そこがオタクの聖地みたいになり、プロジェクションマッピングとかも入れちゃって。僕がコンテンツに全然詳しくないからわからないんだけど、まだまだ足りないんです。今、3つくらい準備中ですね。

堀江 へえ！

中村 アーティストもいいですよ。ジャニーズは手をつけられないけど、韓国系

堀江 はいいですね。『BT21カフェ』とかやっていますよ。

中村 2・5次元系のなにがいいって、役者がついてくるんですよ。舞台役者ってまだバイトしてたりするので、働いてくれる。

堀江 最高だよね。

中村 最高ですよ。そこにリアルな役者がいるんだもん。

堀江 グッズが超売れる。

中村 メジャーより、ニッチのほうが間違いなくお金を落とす。

堀江 物件はビルの中でもいいから、家賃が安いし。ごはんは映え的なおもしろいメニューばかりで、紫色のオムライスとか。

中村 (笑)。コンテンツは全部当たるんですか?

堀江 いや、たまに大ハズシもありますす(笑)。

中村 そうなんだ。それでいうと『人狼　ザ・ライブプレイングシアター』とかやって、役者入れて、一日店長とかやってもらったら。

堀江 絶対入りますね。なにか一緒にやります?

中村 うん、僕、結構コンテンツ知ってますから、できますね。オリラジの中田

中村 君がゲーム作ったの知ってます？

堀江 へえ！『XENO』っていうんだけど、これ、多分すごいブレイクしますよ。グッズも作れる。

中村 ほうほう、これは改めてミーティングだね(笑)。

「物件は賃貸が正解。リーマンショックを知ってたら買わないですよ」(堀江)

堀江 街作りに戻りましょうか。街作りは爆発力がありますね。

中村 そうですね。今は全部賃貸でやってるんです。

堀江 それが正解ですよ。結局またリーマンショックみたいのが来るから。不動産の人って達観していて、個人でやっている場合が多い。で、リーマンショックが来たら2年くらいはなにもしないで遊んでる。物件をドーンと買って、デベロッパーまでやっちゃうと、ショックが来たときにあっさり潰れます。

中村 そう、僕も2回ほど傍から見たけど……。

堀江 だから、借りたほうがいいわけですよ。ちっちゃい物件は買ってもいいと思うけど。

中村 リーマンショックを知ってると、買わないですね。

堀江 うん、個人投資家にやってもらったほうがいい。「自分は物件開発能力はないけど、5000万円くらいならありますよ」みたいなサラリーマンがいっぱいいるから、そういう人に分散してやってもらう。それが正解かなと思いますね。

「20年もやってると固定観念ができてきちゃう。でも、新規ビジネスは面白いですよ」（中村）

堀江 僕は飲食業態に参入したばっかりで。バイトもしたことなかったんです。

中村 僕も、最初そうでしたよ。飲食バイトの経験なし。飲食の人って、もともとバーテンダーとかシェフとかやって独立するのが多いですよね。

堀江 意外と経営層に未経験者って少ない。

中村 全然いないですよ。

堀江 でも、飲食未経験でも、経営に強い人がいる会社って強いと思いますよ。『**ゼンショー**』とかめちゃめちゃ強いでしょ。社長が大学の先輩で、いかついんですよ。最初は会うなり腹パンとかされて。まあ、それはいいんだけど、そういう経営的なことがちゃんとできる人がいれば、会社は変わる。

ゼンショー
「すき家」「なか卯」などを展開。ゼンショーグループ全体で売上高6076億、9813店舗（2019年）。

中村　うちは、僕が数字全然ダメ。副社長が強いんです。彼は、スキーム作りと漫画しか興味がない。

堀江　漫画は興味あるの(笑)？

中村　そう。大好きだから。キャラ事業は彼がやっていますね。

堀江　いいですね。

中村　堀江さん自身はこれから新しくやるとしたら？

堀江　今考えてるのが、1万円のサブスクリプションワインバー。

中村　スタート時点でお客さんを持っていればいけそうですね。うちはノウハウがないからやらないけどね。自分からはやらないと思うけど、若手が新規ビジネスのコンペで出してきたらやるかも。僕がやろうって発想にならないのは、20年も飲食やってくると固定観念ができてきちゃってるから。

堀江　なるほどね。

中村　でも、新規ビジネスは面白いですよ。すごく楽しい。

堀江　そうですよね。

中村　うちは今、シェアオフィスの中にテストキッチンを作って、そこに自社のキッチンを入れてるんです。半分社食になってて、社員は半額で食べられる。福利厚生ですけど、もちろん赤字ですよ。でも、新しいプロデュースとかお店をはじめるときにメニューを紹介するスペースにもなっています。そこで今度は完全デリバリーのお店を3業態やろうかと思って。デリバリー市場が整ってきましたからね。中途半端じゃなくて、デリバリーをちゃんと研究しておいしい本物を出す。**ゴーストレストラン**になり得るわけだから、うまくいかなかったら次に変えればいい。

堀江 すごいですね。

中村 まあ、最低500万くらい売ってくれれば。いいものがあればここで作ってみようと思って。まずは話題を作るのが大事でしょ。

堀江 そうですね。

中村 誰も知らない人がやってもダメで、話題を作れる人じゃないと。

堀江 そうしたら、うちの『TERIYAKI』じゃない？

中村 あ、いいかもね。

堀江 せっかく流行った店も、展開したとして1店舗か2店舗でしょ。みんなな

ゴーストレストラン 実店舗を持たない飲食業態。

にかやりたいと思ってますよ。流行ってるんだもん、もったいない。

中村 店舗を作るって、やっぱり1億かかっちゃう。どんなに安く抑えても6000万。失敗したらそれがなくなっちゃうんだもんね。ゴーストキッチンだったら、100万円くらいで作れて、失敗してもすぐやめられる。

堀江 そうですよね。

中村 今、コンペ中なんですよ。デリバリーでできるのって限られてるから、ピザ、ハンバーガー、ホットドッグ、サラダ……あたりかな。

堀江 わかりやすいものがいいですよね。バクテーとか結構売れてるみたいですよ。

中村 今、恵比寿の近辺で売れているものを調べてるところ。

堀江 すっごい人気店の有名メニューにしぼり込んでやるとか。僕がやるなら、めちゃくちゃおいしいイクラしょうゆ漬け丼かな〜。

中村 いいじゃない。ぜひデリバリーで！

堀江 そういうところから飲食をはじめるのも、いいですよね。

中村 そうですよ。最初の1店舗で失敗したら終わり。5店舗くらいまでは三歩歩いて二歩下がる感じですよ。でも10店舗までは一気にいきたいところなんだけど、それには資本とリスクを持ってくれる人がいないと。

堀江 なるほど、面白いですね。中村さんは最初から多店舗を考えていたんですね。

中村 3店舗くらいで終わらせるんじゃ面白くないから、30店舗くらいはやりたいと思ってチームを集めましたね。カフェ・カンパニーの楠本さんも、リクルート出身で、同じようなことを考えていたんじゃないかな。

「2～3年すると外国からの働き手も本気で来なくなる。日本に誰もいなくなくなりますよ」（堀江）

堀江 人はどうやって集めているんですか？

中村 うち、2019年の年末だけで15店舗くらい一気に出して、店舗の数が一気に100超えたんです。ここ3～4年で50店舗くらい増えた。他業種業態でこれだけ増えるって、あんまりないんですよね。「人集めるの大変でしょう」「なんで人が足りるんですか」ってみんなから言われる。

堀江 そうでしょう。どこも苦労してるから。

中村 でも、そんなに大変じゃないですね。都内のいい場所に出していて、目立つ場所にあるから単純に働く動機になるんですよ。テレビで観たことがあって、新店ならまず問題ない。まあ、ちょっとはずれたところにある居酒屋とかは苦労してます。

堀江 そういうことかぁ。

中村 シンプルですよ。多店舗展開している居酒屋で働いてる人って、本当にそこで働きたいというよりも、お金が欲しくて働くから。ほんと、人が集まらない。残業させないってなると、もっと稼げるところに行っちゃう。

堀江 なるほどね。残業はさせないんですね。

中村 うちは極力ホワイト化してるんです。上場企業と一緒に合弁会社を作ってるんで、基準は上場企業に合わせてるから。だから残業しちゃダメ、みたいなことになっていて、現状、ワーク上では120人も足りてないんですよ。だましだましやってます。

堀江 働き手の絶対量が足りないですよね。いかに人を使わずに無人化するのか、本当にポイントになってきてるんですよ。キャッシュレスとか、モチベーション管理とか。僕は、働く人のスター化を進めていて。たとえば、〝寿司ミュージカル〟ってやりたくて。基本は寿司屋さんだけど、ショーなの。

中村 この前、イベントで〝マッチョバー〟っていうのをやったんです。マッチョがひたすらレモンサワーのレモンを搾るっていう。その人はどう見ても役者だった。

堀江 そういうやつ！

中村 タンクトップ姿で、「イエ〜イ！」って。働いてる人は全員写真対象。

堀江 そういうふうにしないと、従業員が集まらないし、集まっても続かない。子どもは減ってますから、絶対供給量は減り続けるんですよ。移民もです。

中村 そうですよね。

堀江 移民も来なくなりますよ。たとえば、今はカンボジア人とか来てるけど、自国の経済が調子よくなってますから、来る必要がなくなる。もしくは、伸び盛りのバンコクに行っちゃう。なんたって、近いわけだし。

中村 今までは、海外からどんどん人が来るって言われて、実際それで補填してたけど、これからは来なくなっちゃうね。

堀江 2〜3年すれば本気で来ませんよ。日本は誰もいなくなっちゃう。僕が今、北海道で体験してることとまったく同じことが都市部でも起こってくるんです。そうするともう無人化していくしかない。

中村 そうかもしれないね。

堀江 まずはキャッシュレスですよね。ファストフードなんかだと、本当にワンオペにできる可能性がある。マクドナルドって、1940年代に作られたオートメーション、つまりはフォードの工場をハンバーガーに応用したんです。今は、いろんな業態に応用ができて、マクドナルドみたいにホールに人がいらなくなる。オーダーも、スマホでやれば自動的に厨房に飛んで、ワンオペで作って、トレイにのせたらピンポンって鳴って、取りに行く。清掃と皿洗いは外注ですね。

中村　回せますよね。実際、スマホがメニューになるし。

堀江　むしろ、そういうふうにしていかないと回らなくなるでしょ。その現象がすでに田舎から起きてますね。でも、焼肉なんかすぐできますよ。僕もやりたいんですよ。完全キャッシュレスの焼肉ファストフード。

中村　ウーバーなんてそうだもんね。誰とも接触せずに、入力さえすればオーダーできるわけだから。この前、シカゴに行ったんだけど、オーダーがすべてモニターでっていうシステムだった。それをフードホールに取りに行くだけ。ただ、なんとなく静かでテンションが低いんだけど、ブランディングはかっこよくて、音楽もテーブルも、来てる人もかっこよかったよ。

堀江　すぐにそうなっていきますよ。ぜひ、ゴーストキッチンを一緒にやりましょう。僕はシアター。お互い酔ってないときに会って話しましょうね。

株式会社トランジットジェネラルオフィス

2001年設立。「カルチュラル・エンジニアリング・カンパニー」として、食、ファッション、アート、建築、デザイン、音楽、イベントをコンテンツに、「遊び場」を創造。「Sign」、「OFFICE」などカフェやレストランの運営や、ホテル「CLASKA」、シェアオフィス、スパ、鉄道などのブランディングやプロデュースを手掛けている。

SUGALABO Inc. 代表

須賀洋介 vs. 堀江貴文

須賀洋介　4

…

SUGA YOSUKE

1976年生まれ、名古屋市出身。実家は各種レストランを経営。高校卒業後は半年フランスで語学を学び、帰国後、ホテル西洋銀座へ。鎌田昭雄現東京ドームホテル総料理長、稲村省三シェフパティシエに師事。「アラジン」川崎誠也シェフのもとで修業したのち、1998年に21歳で再びパリに渡り、ジョエル・ロブションの元へ。2003年、26歳で六本木ヒルズ「ラトリエ・ドゥ・ジョエル・ロブション」のエグゼクティブシェフに指名される。以後、ロブショングループのコーポレートシェフとして世界各地をまわり、計17年間ロブション氏に師事する。2014年帰国「SUGALABO Inc.」を開業。

「使わないで家賃払ってる？　ええっ！ってなりますす（笑）」（堀江）

堀江　須賀さんが新しく作った、**こちら**。面白いですよね。

須賀　さっそく来ていただいて、ありがとうございます。

堀江　めっちゃ贅沢な場所じゃないですか。

須賀　そうですね。土地的にいい場所だなっていうのはありました。静かだし、周りに大使館が多くセキュリティもいい。アンティークが好きなんで、こちらにはそれらを置いて、よりコア層向けな感じにしているんです。

堀江　もともとコア層向けですけどね。

須賀　そうですね。『SUGALABO』もそうですが、それよりもさらに。昔は『**キャンティ**』のような文化人が集まるお店がありましたけど、今の東京にはそういう存在がないのかなと。できたらいいな、と思ったのがはじまりで

こちら
アークヒルズアネックスにある「SPROUT Café さくら坂」。

『キャンティ』
1960年、川添浩史・梶子夫妻が飯倉片町にオープンしたイタリア料理店。数多の文化人、芸能人が集い、一大文化サロンとして多くの歴史を作った。

す。ただ、まだ少し人が足りていなくて……。

堀江 その問題ですね。

須賀 昼はうちで働いていたスタッフがカフェとして独立したいというので、貸してあげています。夜は完全会員制のプライベートサロンにして、『SU-GALABO』と違ってアラカルトOKにしたいのです。シェフと会員が「俺のサラダちょうだい」「肉だけ焼いてよ」って言えるようなスペースに、これからしていきたいなと。

堀江 今は開けてないってこと？

須賀 そうなんです。去年の4月から家賃だけ払っていますよ(笑)。

堀江 えー、もったいないですね。

須賀 とりあえずソムリエは2人決まったので、食事ものはあんまり提供せずに、ワインバーとして開けようかなと思っています。

堀江 すごい余裕じゃないですか。

須賀 『SUGALABO』がなんとかその分の利益を挙げているので、ペイはできています。

堀江　経営者的な感覚からすると、「家賃払い続けてる？　ええっ！」ってなりますもん。

須賀　そうですよね、あんまり賢くないですよね(笑)。普通はめどがついてから開けるでしょうから。

堀江　どうしてここを借りることになったんですか？

須賀　2、3年前、もともとあったかわいいお店が残念ながらお客様が入っていなくて。「そろそろ、空くんじゃないかな？」って。ここはアークヒルズの開発があったときに、地権者の寄り合い所として残した一軒家スペースだったそうなんですよ。

堀江　そうなんですか。

須賀　それがなくなったあとに素敵な感じで『キハチカフェ』が入ったんです。おそらく『キハチカフェ』もかわいいカフェもどちらかというとマジョリティ向けの業態でしたから、もう少し人通りがある表通りの方が良かったのではないでしょうか？　そこで三年ほど前に、僕はこの立地条件を生かした会員制サロンを作りたいと直感で思ったんです。それで、森ビルの担当の方に「あそこ、そろそろ空くんじゃないですか？」って聞いたら借りられました。でも、人が足りず……（苦笑）。

「SNSがある環境で育った今の若者は、働く店の条件をしっかりリサーチしてきている」（須賀）

堀江 人の問題って大変ですよね。

須賀 そうなんです。

堀江 ちゃんとしたレストランだからこそ。ちゃんと料理を作れる人って、マジで少ないですよ。**辻調**とか大きい調理師学校から、人材の供給ってないんですか？　あんまり現状を知らないんですけど。

須賀 もちろんあります。幸いうちのメンバーの中に卒業生で、しかも教員をしていたメンバーが多く、辻調さんにはお世話になっています。ただ、おそ

辻調
辻調理師専門学校をメインとする辻調グループ。先代である故・辻静雄氏は日本に本物のフランス料理を紹介し、その発展に尽力した世界的に有名な料理研究家でもあった。多くのスターシェフを輩出し、料理界で「辻調出身」というのは最高のステータスでもある。

らく、辻調さんは学校の歴史が長いので、多くの卒業生シェフのところへの供給も必然的に多いみたいです。

堀江 優先的なんだ。

須賀 もちろん、うちにも新卒の子は2、3人入りますけどね。

堀江 人数ってどれくらいなんだろう？

須賀 辻調さんなら、毎年千人以上ですよ。その中にも「フランス校」っていうのが昔からあって、いわゆるエリートコースの子はそちらへ。親御さんのフォローアップがあってのことですけど……。

堀江 金銭的な？

須賀 そうです。日本にいるときから計算すると、生活費も合わせたら700万円くらいかかるそうですよ。そうやってエリートコースを歩む子たちはやっぱり目線は高いです。ただ残念なことにその大金の投資の結果、それでも、続かない子達もいますが……。

堀江 そうなんだ。

須賀 辻調フランス校のエリートの子たちは、モチベーションの高さが知られているので、フランス各地の有名店で研修生としても受け入れられやすいようにシステムができ上っています。在校生がフランスの三ツ星みたいな有名店で研修して、帰ってくるんです。根性があるかどうかは別として、そこそこ目線や会話は合いますね。

堀江 割と大きなお店のオーナーシェフが「今年採った子、全員辞めたんだよね」って言っているのを聞いたのですけど、そんなに辞めるものですか?

須賀 そうなんですよ。僕は43歳になって、根性論が通じる最後の世代だと思っているんです。「石の上にも三年」が通用するような。

堀江 でしょうね。

須賀 「お給料はいくら欲しい」「休みが欲しい」なんていう話はそもそもタブーで、それを疑問にも思っていなかった。とりあえず、一生懸命やるしかないと思っていたんです。それが、今はもう新卒、下手したら学生の段階から「いくらいただけますか?」「休みはどれだけありますか?」「残業代はつきますか?」って確認される時代。僕なんかは古いものをまだ引きずっているから、ちょっと会話が合わなかったりもします。堀江さんは、その辺はどう思いますか？

堀江 須賀さんでもそうなんですね。僕はほかの業界にいて、給料も残業代もちゃんと払うし、休みもある。そういう会社を経営していたから、当たり前だったかな。

須賀 そうですよね。

堀江 僕が会社を創業した23年くらい前には、今で言う、うつ病で突然来なくなる子はいたりもしましたけど、僕としては「なんで来なくなっちゃったんだろう」くらいで、普通でしたね。徒弟制度とか「石の上にも三年」みたいなことはなかった。

須賀 そうでしょうね。

堀江 レストラン業界には、ずっと残っていたんですね。でもね、今の子たちはSNSのある世界で育ってますから。SNS以前と以後ではそうとう変わったんですよ。

須賀 そうなんですよ！　僕らがはじめたころって、ほかのお店情報っていうのが簡単にはわからなかったので、働いている店だけが基準だった。

堀江 そう。それがその人の世界。

須賀 世界のすべてでした。

堀江 しかも、お休みも多くないから、ほかのお店に行く時間もないし、そもそも給料が安いから食べに行かれない。

須賀 「ここのお店はこういう条件らしいよー」なんてことが、ほかのお店に移った先輩から風の噂に聞こえてくる程度でしたね。ところが、今は募集の時点でネットで調べて比べられますからね。当然、残業代や最低賃金の件、福利厚生も明確にしないと働きに来てもらえない。そういう意味では、よくも悪くも、はっきりしていますね。

堀江 お店の評価も、情報の非対称性があった時代からすると、ずいぶん変わりましたよね。でも、変わった割に変わってないことも多い。いまだにミシュランガイドは話題になる。

須賀 でもまあ、ミシュランはだんだん……フランス国外版から崩れはじめているような気はしますけど。

「価値観を維持しつつ、自由な時間を作れるようにしていかないと」（須賀）

堀江 ミシュランがブランドであることは確かですけどね。面白いと思ったのは、この前ニューストピックスで『すきやばし次郎』に年間50回通う常連さんのコメントが出ていたんですよ。

須賀 週1！

堀江 そう、週1。それってなんなんだろうって。意外とまだ情報の非対称性って続いているんだなぁ、と思いました。これだけ情報が巷にあふれていて、正直言って次郎よりおいしくて安い寿司はいっぱいあると思うんだけど、いまだに行っちゃうんだなって、むしろ逆の驚きがあったニュース。

須賀 いや、僕も六本木ヒルズでロブションを立ち上げたときに2〜3回連れていってもらいまして。今でも2カ月に1回くらいはお昼に行かせていただいてます。巡礼です。

堀江 やっぱり行くんだ。

須賀 僕らの仕事って、朝から晩まで厨房に立ってなくちゃいけないので、毎日続けるのってかなりつらいんですよ。僕自身ときどき「いつ辞めようかな」って本気で考える。

堀江 やっぱりそうなんですね。

須賀 考えますよ。それを94歳まで第一線で続けているっていうリスペクト。もしかしたら、今日が最後になるかもしれないって、その姿を拝見しに行くんです。もちろん毎回全力です！　最高に美味しい極上の30分です。

堀江 なるほどね。

須賀 あとはまあ、すごく〝江戸前〟じゃないですか。常連さん、そのほかの一見さん、海外からのお客様……わかりやすく会話が違う。超江戸前でわかりやすい。

堀江 うはは！

須賀 その面白さってあるんですよ。「なんだよ、食えねえのかよ。出てってくれ！」みたいなね。海外の人がいるとスピードが止まっちゃったり、全部ひっくるめて面白いんです。東京の面白さですね。

堀江 僕はただただ、何十年も毎日毎日、同じことをやるのは大変だろうなと思いました。

須賀 それは本当に大変ですよ。職人になればなるほど仕事の質にレバレッジが効かない職種だと思うんです。基本はそこに立ってて成り立つ商売。いなかったらいなかったで「今日はいないんだ」ってなる。

堀江 そうなんです。ビジネスとしては成り立っても、評価やブランド価値は落ちていく形になる。有名になって、監修とか、ほかのビジネスに乗り出すと後退してしまうんですよ。そういう流れはありますね。

須賀 須賀さんは、そこを葛藤しつつ、なにかとチャレンジしているイメージがある。

堀江 そうですね。僕も、先ほどお話したとおり、毎日厨房に立って……。僕らがやっていることって、日銭暮らしなんですよ。僕らが休んだら売上がない。だから、予約を取っていかないといけない。２０１９年は割と早い段階で年内の予約をすべていただくことができました。ただ、やっぱり息苦しくなるのでもう少し上手に、価値観を維持しつつ自由時間を作るみたいな方向にしたいと思っていますね。僕自身が、開発や展開のために考えられるゆとりの時間を持っていたいし、みんなにも与えないといけない。そういう時代ですよね。そういう意味で『SUGALABO』だけをドメスティックにやっているということにはならないようにしたいです。お店の売上だけでは、お給料や休みを増やしたり、クリエイティブな時間を作ることはできません。そこで、別に収益を得る事業が必要になるのです。なので、僕は開業時から名前を出さない形で、コンサルティング事業はしてきました。

堀江 そうなんだ。今って、作り手よりも食べ手の方が情報を持っていたりしますからね。

須賀 本当にそうですね。僕は結構食べに行っているほうだとは思いますけど、メンバーと地方で食事に出かけたり、できるだけ、よりいいところに勉強に行くようにしています。食材の知識も豊富になるし、常に勉強しないとダメですよね。ついていけなくなっちゃう。

堀江　そうですよ。お客さんが食べなれているから。

「原価から価格設定してしまうのは完全に職人さん的な考え方です。ブランドビジネスは真逆」（堀江）

須賀　堀江さんにうかがいたかったんですけど、今って、海外から「食」を目当てに日本に来る人も多いじゃないですか。何年も予約が取れなかったり、特にお寿司がそうですが、バブルなんて言われて。これって、いつかはバブル経済と同じように、弾けるものなんですか？

堀江　一般的にバブルというのは定期的に来るんですよ。繰り返しながら、緩やかに発展していくんです。今、どの地点にいるのかっていうのは弾けてみないとわかりません。弾けたあとに「あの時にバブルが弾けたんだね」っていうことになります。たとえば、僕が東京に出てきたのは1991年なんですけど、理論的には1989年の大納会、つまり東京の株式市場が終わる日が実は最高値だった。38915円とか、東証平均株価が4万円行かなかった日です。それくらいが高値で、そこから暴落です。つまり、1989年の暮れと1990年正月が株価のピークで、僕が上京した1991年はすでにバブルは弾けていた。それなのにジュリアナ東京がオープンしたのって1991年5月で、先輩のところにインビテーションが届いたりして、雰囲気はまだバブルっぽかった。家庭教師のバイトの時給が5000円とかでしたもん。合格したらハワイとか連れていってもらえた先輩がいるくらい。

須賀　実際の経済指標と食の業界では……。

堀江　経済も食も一緒です。

須賀　比例していますか？

堀江　比例はしていないんですけど、SNSの発展などが要因で局所的にバブルが起きているのは確か。で、バブルは弾けて、淘汰され、本当に強い店が残っていく。またバブルが来て……という状態だと思いますよ。寿司でいうと、まだ供給が全然足りていないから、感覚的にはもっとあってもいい。

須賀 需要が多いわけですね。

堀江 寿司はそうですね。しかも、日本に限って言うと、値段がまだ安いですよ。最近やっと高くなってきたけど、国際基準で言うとまだ安いですね。

須賀 たとえば、ラーメンで5000円の店ってないじゃないですか。

堀江 **うちでやってます**けどね。

須賀 普通はないんですよ(笑)。ラーメンでこれ以上はいただけません、みたいな話になる。それ以上もらったら原価が……。

堀江 考えちゃいますよね。わかりますよ。職人さんはそう考えちゃうんですよ。

須賀 一方で、1人10万円どーんと取るようなところは、設えなどもこだわりがあふれていて、そこに対する自分への投資のような一面もあるから付加価値を設定できて、それでも来ていただけるのならいいでしょう！　となるんですかね。

堀江 それは完全に職人さんの理論ですよ。職人さん理論では、絶対原価計算を

うちでやってます
20年1月にオープンした「MASHINOMASHI TOKYO」。1杯1万円、1日1時間営業というスタイル。

しちゃう。設えにこれだけかけたから、これに利益をのっけて……って。

須賀 そうすると、堀江さんの計算はどうなるんですか？

堀江 アートとかビジネスの世界から考えると真逆です。「これだけもらうには どういう風にブランディングしていくか」という方向で考えます。現代アートってそういう意味合いでブランドビジネスに影響を与えているんです。**アンディ・ウォーホル**が変えたものってすごく大きくて、ウォーホル以降、初めてラグジュアリーブランドビジネスというものが成立したんですよ。**LVMHグループ**の成長は、アンディ・ウォーホルの誕生から成立した、っていうくらい。だって、ルイ・ヴィトンって、1950年ぐらいまではパリに3軒しかないオートクチュールブランドだったんですよ。パリコレクションに出てくるブランドも、全部オートクチュールだった。それが、アンディ・ウォーホル以降、すべてが量産性になっちゃった。ルイ・ヴィトンのバッグも量産品になった。でも、すごく高いでしょ？ 原価なんて考えたら、ものすごく高いですよ。

須賀 価値観を高めたわけですね。

アンディ・ウォーホール 1928年生まれ。1960年代からシルクスクリーンの技法を用い、ポップアートの旗手として活躍。映画製作やロックアーティストのプロデュースなども手掛け、カルチャー界に多大な影響を与えた。

LVMHグループ ワイン、ファッション、化粧品、ジュエリーなど70以上の有名ブランドを持つ巨大コングロマリット。

堀江 そう。アンディ・ウォーホルのアートで有名なのって、マリリン・モンローとキャンベルスープだと思うんですけど、これって同列に語られるじゃないですか。マリリン・モンローという超有名なタレントさんを使っているから価値があるのかと思いきや、1個2、3ドルのスープ缶の絵も同じように評価されている。つまり、シルクスクリーンという量産品でもブランドビジネスは成功するということを彼は発明したわけです。ラグジュアリーブランドの経営者も、1点もののオートクチュールでなくても高く売っていいと気づいた。それで、LVMHグループはこれだけ成長して、いろんなものを飲み込んでいくわけです。

須賀 というと、食に関してもブランド価値さえあれば原価計算ではなくて、この価格で行こう！　と決めて、それで価値を高めていったらいいってことですね。

堀江 ビジネスとしてはそういうことです。食に近いところだと、シャンパンなんかそうですよ。シャンパンで原価が750㎖のボトルで10ドル以上かかっているところなんてないと思いますよ。

それを100ユーロ以上、原価10％とかで売っているわけですよ。でも、ドンペリニヨンなんて、ビジネスとして完全に成功しているでしょ。それがLVMHのビジネスです。そういうことがお酒の世界ではとっくに行われていて、みんなが受け入れているし、疑問も持ちません。ドンペリのピンクなら10万でも20万でも払う。そのボトルを開けること自体が、体験としてブランドビジネス化しているというのが現状なんです。ただ、サプライヤーはあんまり儲かってるって聞かないですね。

須賀 うーん、たとえば豊洲にいる魚とか肉の仲買いさんで、僕らが取引きさせていただいているようなところは儲かっていると思います。ただ、漁師さんとか農家の方に分配されているかというと……。

堀江 そうですよね。和牛でも、生産農家でめっちゃいい暮らししてる人って見たことないんですよ。

須賀 生き物を飼っているわけですから休みも取れないし、大変ですよね。

堀江 和牛の繁殖農家の方も、家族経営で身動き取れませんからね。ただ、ここ2、3年で状況は少しずつ変わっています。あまりにも高齢化が進んで廃業する人が増えて、仔牛の値段がとても上がってるから、少しずついい暮らしができるようになっていますね。

須賀 仔牛を売る人はいいですね。仔牛を買って畜産する人は高くてつらいでしょうけど。

堀江 今度はそこが価格転嫁ができなくなっちゃってますね。

「単価を高くしても客は来る。それでもっと魅力的な体験をプロデュースできるほうが絶対いい」（堀江）

須賀 もうひとつうかがいたかったのが、そんな食材の問題。畜産農家さんだけでなくて、野菜も魚もなんですけど、このまま同じ品質でいけるのかってことなんです。高品質の食材の需要が世界中で増えているなかで、大丈夫なのかな、と日々思っています。

堀江　さっきの話と同じですよね。やっぱりブランドビジネス化をもっと進めて、原価を考えず、余裕のある人に高く売る。売っていいんですよ。
　レストランに限らず、ホテルもそうですよ。全国でいいホテルを運営している人に「もっと高くしなよ」って言ってます。高くしても外国からお客さんが来るから大丈夫。価格を上げて全然大丈夫だし、それを再投資してもっと魅力的な宿泊体験をプロデュースできるようにしたほうが絶対いい。

須賀　なるほど。

堀江　鹿児島の**『天空の森』**だって、最初は1泊20万円だったんですよ。「山ひとつ貸し切りで、20万円は安すぎる。50万、１００万にすべきです」みたいなことを言っていたら、本当に50万円になって、俺も50万払う羽目になったけどね（笑）。そういうふうになってきているんです。**『〈TRUNK（HOTEL）〉』**が神楽坂にできたんですよ。

須賀　そうなんですか。

堀江　やっぱり1泊50万ですよ。もともと料亭だったところを改築して、1日1

『天空の森』
鹿児島空港から車で25分。東京ドーム13個分の敷地にヴィラがたった5棟という高級リゾート。

『〈TRUNK（HOTEL）〉』
築70年の元料亭の建物を、一軒家ホテルに。プライベートバトラーとプライベートシェフ付き。

組限定で。

須賀　日本は「だいたいこれくらいしかいただけないでしょう」からはじまる職人的な考え方なんですね。少しずつ上がってきてはいますけれど。

堀江　そこをちゃんとやらないと、スタッフもちゃんと採れないと思うんですよ。原価の積み上げでやっていくということは、積み上げた原価の中に自分の人件費も入れるってこと。それを自分が我慢したり、サプライヤーに我慢してもらってギリギリ安くやったとしても、「ちょっと高い」って言われたらどこかで手を抜くしかないってなりますよ。仕入れの値段を下げるか、どこかで手を抜かない限り、儲けが出ないわけだから。『WAGYUMAFIA』は、ずっといい肉をいい値段で仕入れているから、いい肉を出し続けてくれているし、「あそこはいい値段で買ってくれるからいいものを出そう」ってなるわけですよ。

須賀　そうですよね。

堀江　それが好循環になる。そして、うちとしてはお客さんには高く買ってもらわないといけないから、そこを努力します。日本は過去30年間デフレで、安売り、安売りできたから。和牛ローストビーフ丼がランチで１５００円とかありえないことが起きる。

須賀　いや、それはね。

堀江　絶対無理でしょ？

須賀　最近は、名店って言われるお店が商業施設にセカンド店を出しているでしょう。一般的にその周辺の大企業のオフィスワーカーでもランチで使われる金額は１０００円前後だから、どうやって利益を出すんだろう。

堀江　１０００円のランチなんて、日本人の人件費を考えたら成立しないはずですよね。

須賀　成立しませんね。

堀江　１００人に売っても10万円ですからね。人を動かすのはちょっと無理でしょう。

須賀　そこに人を取られちゃって残業代が出せないとか……。これからは商業施設に入る飲食店も少なくなると思うんですよ。まだ大きな商業施設の開発はあるようですが、そもそもリーシング大丈夫なのかなって思います。

堀江　結構つらいと思いますよ。ああいう商業施設にお店出しちゃった人って、どうするんだろうな。

須賀　ここ数年でできた都内の大商業施設のレストランも軒並みつらくて閉めたりしてますもんね。実は、うちも大阪の心斎橋にルイ・ヴィトンさんと組んでお店を出すんですよ。カフェと、やはり紹介制のレストランです。多店舗化はまったく考えていなかったんですけど、クオリティーが担保できるしっかりとした条件をいただいて、一緒に仕事するパートナーとしてはすごく面白いなと思ってチャレンジしています。そこは、ここと違って「人がそろいませんでした」じゃマズいので、絶対開けますけど(笑)。

「スタッフがスターになれてそこそこの給与を払えばめちゃめちゃ強い」(堀江)

堀江　人の問題って、結局のところ、そこで働く従業員のモチベーションと給料ですよ。そのためにはやっぱり儲からないとダメ。安売りすると現場が疲弊します。ＳＮＳ時代に安売りはまったくそぐわないんですよ。サプライヤーや従業員が割を食うのは間違いないわけだし、トレンドとしてもありえないし、僕は批判してるんですよ。『鳥貴族』とか、名指しで。

須賀　YouTubeで見てますよ（笑）。

堀江　２９８円で焼き鳥を食べさせるって、なにかおかしいから。絶対に変！あんなに安く売って、しかも深夜まで営業して、働いている人のメンタルヘルスとか相当厳しいものがあると思う。誰も得しないですよ。それだったらコンビニで買って家飲みすればいい。コンビニは無人化が進むし、誰も痛まない。どうせ工場で作ってて、工場だってオートメーション化してるから、蟹工船みたいな世界は今はないんですよ。誰も苦しまないから、いいと思うんですけど。話がそれましたけど、ちゃんと料理を作って誰かがサービスするという分野では、やっぱり利益率をある程度確保しないとサステナブルではない。

須賀　『SUGALABO』は小さいながらもオーナーでやっていて、幸い、なんとか利益は出ていて。でも業界で言ったら、新卒ならこれくらい、2、3年でこれくらいっていうアベレージラインがあって、そこに縛られたりもします。堀江さんみたいな加減の仕方が上手にできないんですよ。職人であり経営者だから、古い考えがどうにも離れない。

堀江 それは、外の世界の話を聞かれたらいいんじゃないですか？

須賀 そうですね。今、やっとほかのところよりはいいかもなってところでペイできていて、それでも続かない子は多くて……。

堀江 もうひとつは、シェフの関与する度合いが大きい業態であればあるほど、労働集約的になって、そのシェフが負う部分が大きくなるじゃないですか。たとえば、マッサージ業界って上手な人にやってもらいたいから「○○さんを指名します」ってことになるでしょ。そうすると、そのほかの人は辞めて独立したくなりますよね。その度合いが高ければ高いほど、そう。でも、それはサステナブルじゃないですよね。

須賀 なるほどね。

堀江 マッサージ店のチェーンを１００店舗くらい経営している人とお話しする

機会があって、「なんでそんなに展開できるんですか?」って聞いたら、「うちは還元率が高いんです。7割還元していますから。だからみんなが辞めない」って。つまり、ピンハネの限界は30%なんですよ。それ以上取ると独立されちゃいます。特に『SUGALABO』は須賀さんによるところが多いので、独立しやすいですよ。

一方で、『WAGYUMAFIA』はそんなに影響がないわけですよ。

須賀 そうか、指針さえあればいい。

堀江 そう、お客さんにしてみたら、いい肉があって、チャコールグリルがあればそれでいいから。

須賀 ハードの問題ですね。

堀江 ハードがしっかりしていて、素材がしっかりしていて、パフォーマンスは定型化。「行ってらっしゃい!」っていうのをみんな見に来ているわけで、シェフの要素は割と少ないんです。種類はあんまりないし、B級メニューだし。だけど、それで成功していて、それで高いお金が取れている。還元率を下げた場合、じゃあ独立して同じことができるかって言ったら、できないでしょうね。肉は仕入れられないし、設備投資もできない。それと、大切なのは、労働還元率だけじゃなくて、満足度。だから、タレント化するとうれしい。

須賀　スタッフのタレント化？

堀江　うちは全員がタレントですよ。

須賀　それは恵まれていますよ。タレントにする力があるんですね。

堀江　というより、タレントになることを仕組み化したわけです。「行ってらっしゃい！」が定着して、世界中で真似するようになるまでには失敗も多かったですよ。「わー」とか「きゃー」とか言っていた黒歴史もある。

須賀　そうなんだ(笑)。

堀江　最初から正解が見えていたわけでもなんでもない。そして、人材を確保することは間違いなくもっと大変になっていきます。

須賀　そうですよね。

堀江　いい人材を確保するには2つ方法があると思うんです。1つ目はさっきみたいなタレント化。ショーアップして、みんなに注目されて、スターにしていく。人って給料のためだけに働いているわけじゃないから、そこそこのいい給料とスターになれる状況は、両方あるとめちゃくちゃ強いです。

須賀 もうひとつは？

堀江 そこまでスキルを追及されない環境。機械にやらせるところは任せるような。

須賀 僕もそう思います。いろんなものを食べてこその、味の経験値なんかは積む必要があると思うんですけど、正解さえ分かっていれば、そんなに難しいことは必要ないんですよ。いい食材があって、いい火入れさえできれば。シンプルにできればできるほど評価される時代なので、『WAGYUMAFIA』さんみたいにおいしい餃子やサンドイッチができるほうが評価されますよね。

堀江 でしょ？

須賀 同じ視点で今度のプロジェクトでは、フランスから僕の後輩を呼んだんですよ。彼が提案してきたカフェメニューが超フレンチで(笑)。「そんなの食べたくないよ」って言いました。ルイ・ヴィトンのカフェで食べるハンバーグとかエビフライがいいですよね？

堀江 うんうん。

須賀 いい料理人って山ほどいるんですけど、なにがお客さんが求めているのかわかっている人は少ない。僕なんか大した料理人じゃないけど、たぶん、今、お客様が何を求めているか？っていうのは結構見えていると思っているんです。そういう意味では複雑・難解なことはやらなくていい。

堀江 そうそう、そうしないと。寿司屋はその典型ですよね。なんでかっていうと、料理人とサービスが兼ねられているから。

須賀 そうですね。

堀江 寿司と鉄板焼きはそう。

須賀 寿司は皿すらいらないわけですから。

堀江 そう、手渡しですからね。お客さんの手に直接渡すなんて、寿司くらいですよ。それをありがたがって食べるって、冷静に考えてみるとすごいなって思いますよ。よく成立したなぁ。

須賀 友人の『鮨さいとう』の齋藤さんによく言われるんですよ。「須賀ちゃんは大変だよな。俺らは、季節で魚は変わるけど、一年中同じことやってりゃいいんだから」って。寿司は、むしろ新しいことは批判されるし、同じことの精度を高めているんだって。そういう意味で、寿司や天ぷら屋さんは、ほんとに無駄がない。

堀江 あ、でもね、これからは黙って料理しているシェフじゃダメですよ。寿司屋の大将は、しゃべってくれるところに行くようになりますね。コミュニケーションや、最先端のうんちくを楽しみに行く。

須賀 コミュニケーションスキルってことですか？

堀江 そう。でも、コミュニケーションスキルって後天的に磨くのが難しい。ライザップのトップトレーナーがめちゃくちゃいい人で、「この人のために頑張ろう」と思わせるのと同じです。

須賀 そのトレーナーのトレーニングは誰がしているんですか？

堀江 だから、もともとコミュニケーション能力が高い人を選んでいるわけですよ。１００人中、１人か２人しか採れないんです。その人に、逆にウエイトトレーニングのスキルを教えるわけ。

須賀 僕も本当にそう思う。経営者としてはメンバーがスターになったらどんなにいいだろうって。絶対それがいいんです。勝手に前に出て売上を伸ばしてるってなればいいなと思うんですけど、料理人の世界でそういう人材を選んで採用するっていうのが、今のところ見えないんです。

堀江 僕の仮説ですけど、「料理なんてやったこともない」っていう面白いやつを見つけて、「お前、面白いから料理やってみろよ」ってやらせるっていうのが正解に近いのかもしれない。

須賀 なるほどね！　逆の発想で。

堀江 そうなんですよ。うちも、コースのときは和牛寿司を1貫出すんですよ。ウニとキャビアをのっけて、最近は白トリュフまで削っちゃう。絶対うまいわけじゃないですか。素材がいいから、誰が握ってもうまいんです。でも「へえ、この人は寿司も握れるんだ」ということにはなる。ほかの魚とか、仕込みとかあると違いますけど、和牛の寿司を握るくらいなら練習すればすぐできますからね。未経験の人でもできる。だったらコミュニケーションスキルが優先ですよ。世界でもっとも予約が取りにくいイタリアンって言われる『オステリア・フランチェスカーナ』もそんな感じなんですね。お会いしたことないけど、スーシェフだった徳吉洋二さんから聞いたのかな?「彼は全然料理を作らないんだよね」って。

須賀 確かに、コミュニケーションスキルがすごく高いですね。

堀江 それでいいんですよ。ブランディングとコミュニケーションができて、お客さんは大満足。まあ、僕たちの『WAGYUMAFIA』のイベントも、代表の浜田からは「たかぽんはお客さんと話してて」って、なにもやらせてもらえない。

須賀 やりたいんですね(笑)。

堀江 肉切るくらいはやっているところ見せたいじゃないですか。肉磨くところ、5分くらいのパフォーマンスしかやらせてもらえなくて、そこばっかりうまくなってる。

須賀 やっぱり料理には興味がおありなんですね。

堀江 もちろんですよ。ないとやらないです。ただ、たまにしかやりたくないかもしれない。さっきおっしゃっていたように「これをずっと続けるのか」

って思うと「よく続けられるな」とは思いますけど、1年に何回かだったらやりたい。でもやらせてもらえてない。特にお客さんが日本人のときは、「みんなあなたが見たくて、話したくて来てるんだから、そこで料理を語っていて」と。

須賀　そこは僕もすごく大事にしてます。ちょっと鬱陶しいかなと思いつつ(笑)。一応、全品のストーリー、この素材がなぜ、どこから来たのか、すべて説明させてもらっていますね。僕らの経験をお客様とシェアして生産者の物語を伝えたいんです。あとは、お客様の見送りまで含めて本当に感謝の気持ちが伝わればいいなと。それでも「この人の心はつかめなかったな」っていう人がいて、実は、堀江さんもそのタイプなんです(笑)。

堀江　そうですか?

須賀　たまにいらっしゃるんですよ、そういう人が。それで、すごく気になって、自分の中に残るんです。そういう方こそまたいらしてほしい。僕たちの仕事はお客様に次にまたお越しいただけるかどうかでしかないと思っています。

堀江　まさにそうですね。

須賀　「どうしたらまた来てくださるだろう」ってことしか考えていないといってもいいかもしれない。

堀江　僕の場合は、いろんなレストランに行くことも仕事のひとつなので、リピートはおのずと少なくて。特に、予約が何カ月先とか何年先ってなると、リピートしづらいですよね。僕はたいてい誰かの予約に乗っかっているし。

須賀　誰かに誘ってもらえるとわかっていたら、自分では無理にとらないですよね。

堀江　それもありますけどね。まあ、僕の事情は特殊だとしても、これだけ情報があふれている時代に「また行きたいな」って思わせるのは至難の業ですよね。

須賀　そうなんですよ。僕なんかは「お客様は神様」っていう世代だから、お客様の要望は基本的に全部受け入れるし。

堀江　そうなんだ。

須賀　職人気質の変なこだわりは全然ないです。要望に応えられるのがプロだという思いもありますし。友人の**『CHIUnE』のサトシ**とかみたいに「アレルギーは受け入れません」なんて強気になれない。

堀江 あはは。

須賀 次郎さんのところもそう。「このスタイルを変えません」の上に成り立っていて、リピートさせるってすごい。賛否両論あると思いますが、僕の場合はそんなに自信がないので、要求されたことは全部やるという感覚です。

堀江 それはそれでいいと思いますよ。個々のスタイルがあって。『CHIUnE』なんて6席しかないから、そりゃ埋まりますよ。それよりも、スナックのママ的な魅力、「この人に会いたいからまた行きたいな」って思わせた方がいいと思うけれど。

須賀 そうなんですね。僕から見ている堀江さんは、そんなベクトルで店を選んでるようには見えていませんでした。

堀江 そうですか(笑)?

須賀 人で選ぶなんて鬱陶しい、くらいに思っているかと。

堀江 僕は結構人見知りで、そもそもあんまり人と仲よくならないんです。浜田

『CHIUnE』のサトシ
古田諭史シェフ。2016年、東銀座にオープンした人気店。

はその対極にいて、よくわからない外国人とかとすぐ仲良くなる。

須賀 天性のものでしょうね。

堀江 そういう性格なんですよ。僕は初めて会う人とか、距離を置いて話をするんで、なかなか仲良くはならない。だから、仲良くなった人とはちゃんと仲良くします。お店にしてもそうで、そういうお店がたくさん……というか、ある程度あるとうれしいなと思いますけどね。たとえば、西麻布のワインバー『**ツバキ**』**のイクちゃん**とか。

須賀 ああ、イクちゃんはそこなんですね。

堀江 あそこはイクちゃんに会いに行く店ですよ。

須賀 そうですね。実は昨日も飲みに行っちゃいました。でも、「火曜日はイクちゃんがいないから、違うところに行こう」みたいな現象もあって、自分に置き換えるとそれが怖い。

堀江 怖いのはわかります。でもそれを理論化していくのがビジネスですよ。

『ツバキ』のイクちゃん
名物ソムリエ。

「これからは、東京の『SUGALABO』の営業をどれだけ減らせるか、なのかも」（須賀）

須賀　そういえば、僕が『ロブション』を辞めて日本に帰るときに、お世話になっている先輩の飲食店経営者の方からこう言われたんです。
『SUGALABO』なんて、お前がいないと成り立たない形態にしちゃうと絶対に苦しくなるよ」って。「俺と遊べなくなるじゃん！」なんて、笑っておっしゃってたんですけど、実際その方はクオリティーだけじゃなくてコンセプトとハコのよさ、総合力で成功している。スターを作ってはその人間がいないと成り立たない。スターを造らないやり方がわかっているんです。それが案の定、僕の場合は（笑）。

堀江　その状態に（笑）。

須賀　まあ、それがうちのコンセプトでもあって、良くも悪くも確かにそれで強く成り立ってしまっていて。ただ、前出の新規事業やコンサルタント事業も含めてクオリティーと数字を保つには、東京の『SUGALABO』の営業をどう減らしていき、クリエイティブな時間に当てるかがポイントです。そしてさらに別の事業の可能性を探っていかないといけませんね。

堀江 そうですね。その仕組み化ですよ。さっきの〝コミュニケーション採用〟の話、やっている人がいないから、やったらいいと思うな。

須賀 面白いですよね。

堀江 そう、その人に簡単な料理からはじめてもらって。実現したら、寿司だろうが、フレンチだろうが流行りますよ。

須賀 そういう人材には、どうやったら出会えるんでしょうね。

堀江 え、『SUGALABO』で、自称・コミュニケーションスキルの高い面白いことを言える人を未経験でも雇います、って募集したら結構来るんじゃないですか？　ブランド力がありますから。

須賀 来ますかね〜。

堀江 来ます、来ます。『WAGYUMAFIA』もそうやって募集してますよ。須賀さん、カリスマ性あるもん。試しにやってみたらいいんですよ。素人だけど、育てるプロジェクト。これ、絶対須賀さんのお店に合うし、プラスになる。理論的にそう思いますよ。

SUGALABO Inc.

2015年神谷町に「SUGALABO」をオープン。飲食業にまつわるコンサルティングのラボラトリーを本業とし、同時に紹介制のレストランを創設。予約が取れない人気レストランに。同ラボを拠点に、様々なイベント、プロデュースなどを手掛けている。2019年4月には、会員制サロン「S」、2020年2月には、大阪「ルイ・ヴィトン メゾン 大阪御堂筋」に「SUGALABO V」をオープン。

GYRO HOLDINGS株式会社
代表取締役

花光雅丸

vs.

堀江貴文

花光雅丸

5

…

HANAMITSU MASAMARO

1981年生まれ、和歌山県出身。小学生のころよりアルバイトを経験。2004年 9月より株式会社レインズインターナショナル入社。1年ほど居酒屋「土間土間」にて店長として現場のマネジメントを学びつつ同社の経営戦略に触れる。2005年11月「沖縄鉄板屋台 subLime」オープンにより独立。2006年株式会社subLime創業。2019年カフェ・カンパニーとの統合により、現職に。

「4店舗目の居酒屋を開くまでにかかったのは1年くらいでした」（花光）

堀江　会えばいっつも「こんな店作ったらどうだろう」「面白いやり方を思いついた」みたいな話ばっかりしてるから、今日も同じような感じでお願いします（笑）。

花光　そうですね。ほんとに大好きなんです、飲食が。

堀江　そういえば、まろ（花光氏のこと）って最初はなにから始めた人なの？

花光　沖縄屋台バーです。

堀江　屋台なんだ。

花光　吉祥寺の第一ホテルの裏に土地を借りて、自分で屋台を組み立てて作りました。それが最初ですね。

堀江　へえ！

花光　お金がなかったんで。単価が低ければ低いほど、マンパワーだけじゃどうにもならない。だから3000円くらいの単価でやることにしたんです。

堀江　マンパワーでどうにもならないって、どういうこと？　その価格帯だとどうにかなるの？

花光　3000円くらいだと友だちやその知り合いが来やすいんです。もちろん高すぎても来にくいし、逆に単価1000円だと客数を稼がないといけないので、難しいんですよ。

堀江　なるほどね。その沖縄屋台がスタートなんだ。

花光　そうです。最初はそれしかできなかったから。じゃんけんでいうと、グーとパーしか出せないからグーとパーで戦う、という感じでした。

堀江　屋台って、あんまり投資しなくてもいいもんね。それがうまくいったんだ。

花光　家賃の低いところから始めないと難しいですね。

堀江　そこは家賃ってあったの？

花光　月5万円でした。

堀江　いつごろ？

花光　2006年です。

堀江　おお、俺が逮捕された年だ。

花光　確かにそうですね(笑)。

堀江　うはは。で、次は？

花光　ラーメン屋を改装してバーを作りました。中野区に居抜きの物件があって、そのまんまバーにしたのでお金はそれほどかけてないです。

堀江　ラーメン屋のまんま？　なんでバーにしたんだろう。

花光　バーは人が集まるから、ですね。やっぱり最初は厨房や素材に投資もできないですし。

堀江　バーならとりあえず始められるか。

花光　そうです。損益分岐点を低く設定して、とにかく投資をかけない。今でもずっとその考え方です。

堀江　次は？

花光　3店舗目はカフェバー。4店舗目が居酒屋ですね。

堀江　じゃあ、最初の3店は料理出さなかったんだ。バーならそれでいいもんね。

花光 なんで飲食店をやろうって思ったんだろう。もともと飲食が大好きで、いつかは自分で店をやりたい気持ちが強かったから。で、自分でお金貯めて、沖縄屋台を出したのが23歳のときです。

堀江 4店舗目の居酒屋までどれくらいかかった？

花光 1年くらい。

堀江 はや！ やっぱり展開がすごく速いよね。そういうときって人が足りなくならないの？

花光 うーん、バイト先の知り合いが多かったので、お願いしてました。「次、オープンするから一緒にやらない？」ってどんどん声をかけて。十数軒までは友だちのつながりだけかもしれない。

堀江 縁故だけで十数軒って(笑)。そのころの月商ってどれくらい？

花光 多いところで800万、屋台とか小さいところで200万くらいですね。堀江さんの「**蝦夷マルシェ**」もそれくらいの売上ですよね。

堀江 蝦夷マルシェは200万いかないくらい。まあでも、同じくらいかもしれないね。

蝦夷マルシェ
堀江氏がプロデュースした、大樹町の飲食店。HBC放送の深夜番組『北海道独立宣言』の企画から生まれた。

「寿司はマーケットが巨大でまだまだ広がってる」（花光）

堀江　まろのところは、自分で作った業態とM&Aがあるわけだよね。

花光　そうです。

堀江　ゼロから作ったのは？

花光　150店舗ほどです。今、業態は、100くらいあります。

堀江　（資料を見ながら）『寿司 まぐろ人』もそうなんだ。知り合いが作った店かも。

花光　事業承継させていただいたTKSという会社が運営母体です。寿司はやっぱり強いです。マーケットが大きい上にブレない。うちではすごく売上がある業態です。

堀江　売上、上がってる？

花光　そうですね。調子がよくて、最近、出店を10店舗程度決めました。30坪の店舗で単価3000円くらい、それが月8000万円にはなりますから。

堀江 じゃあ、すごく回転してるんだ。

花光 してます。割と郊外に出しているんですけど、祖師ヶ谷大蔵とか、おかげさまで盛況ですね。

堀江 回転寿司って、『無添 くら寿司』とか『スシロー』とか強烈なライバルがいるわけじゃない？

花光 でも、実は利用動機がちょっと違うんですよ。あちらの業態は、ロードサイドの大型店で、ファミリー需要。作るのに1店舗2億円以上かかるんです。僕たちは、郊外駅前に出店しています。ファミリーから、サラリーマン、カップルなど、客層は幅広いです。投資は5分の1以下だと思います。

堀江 なるほどね。

花光 うちには回転寿司のノウハウがないので、むしろ「すごいなぁ」って思います。ゼンショーって『はま寿司』を20年経たずに1000億の規模にしているんですよ。相当すごいです。

堀江 そういうのはやらないんだ。

花光　M&Aや事業承継ができたらやりたいですけどね。

堀江　逆に『まぐろ人』はどういうマーケットを狙ってるの?

花光　いわゆるロードサイドではなくて、都心の二等駅の一等地。一等駅の一等地でも通用するかなーと思って、最近は出してみてるんですけど、やっぱり二等駅のほうが当たります。

堀江　ライバルが少ないからか。

花光　周辺にどれくらい寿司屋があるかっていうのは実際に見に行きます。半径1キロ圏内にどんなお寿司屋さんがどれくらいあるかっていうのは、調べておかないと。

堀江　それは、寿司屋が少なければいいってこと?

花光　そうです。だから個人店ばっかりのエリアのほうがやりやすいです。

堀江　個人の寿司屋しかないエリアって、今もあるもんね。

花光　そう、そこがこの業態のエアポケットじゃないかと思って。出店余地は、多分300店舗はあると思っています。

堀江　そういう、エアポケットを狙っていくんだ。

花光　マーケットが大きいところで、イノベーティブなことをやる。焼肉と中華も考えてるんですけど、両方ともマーケットでいうと6000億から8000億くらいなんですよ。でも、寿司は1．5兆ありますからね。そういう大きいマーケットを狙っていくのが、今の正解かなって。

堀江　なるほどね。

花光　居酒屋もだいたい1．5兆なんですけど、プレイヤーが数百倍、競合でいうともしかしたら数千倍いるかもしれない。

堀江　そうか、そうだね。

花光　寿司は同じ1．5兆でもチェーンとしては数えるほどしかいないでしょ。居酒屋は大量にあるじゃないですか。

堀江　「鮨さいとう」の齋藤さんも全然数が足りないって言ってたわ。

花光　お寿司屋さんは足りてないんです。かつ、マーケットは広い。しかも、日本人が握る寿司の価値は世界ではどんどん高まっていますからね。

堀江　よかった〜。俺、銀座に寿司屋作るんです。

花光　え！　そうなんですか。

堀江　『WAGYUMAFIA』の寿司だよ。
花光　いいですね〜！
堀江　『WAGYUMAFIA』のフラッグシップ店を銀座のコリドー街にできるビルに出す。
花光　それは和牛の寿司ですか？
堀江　全部じゃないけど肉寿司もあるよ。要はね、『WAGYUMAFIA』の今の業態もあり、カウンターでは寿司を握る。入り口にはヴィンテージウイスキーを並べるんだ。
花光　それ、堀江さんが好きなものを詰め込んでるだけじゃないですか(笑)。
堀江　いや、でも、銀座で肉×寿司の店、ないからさ。
花光　コリドー街はいいですよね。いつですか？
堀江　4月の予定。
花光　すごくちょうどいいじゃないですか。
堀江　すごいことが起きる気しかしないよ。高い業態だけど。
花光　家賃も高いでしょ？　すごい高いはず！

堀江 吸収できるよ。条件は割とよかったんだよね。

花光 席数は？

堀江 30くらいかな。

花光 西麻布より大きいんだ。

堀江 そう。デカいね。

花光 いいですね〜。楽しそう。飲食って、結局のところ飲食が好きだからやるのかなって思うんですよね。やっぱり堀江さんはもう飲食の人ですよ（笑）。

「SNS以前は駅前一等地の有名チェーンに入ったけど今は知る人ぞ知る店の方が人気になった」（堀江）

堀江 それにしてもさ、まろのやり方ってユニークだよね。大量にM&Aしてて、業態たくさんあって、でも、はたから見るとまろがやってるってわからない。

花光 マルチブランド、マルチロケーションなんです。

堀江 マルチブランド、マルチロケーションって、食べログ・SNS時代には強いよね。

花光 そうかもしれませんね。

堀江 例えば、SNS時代以前だと、居酒屋なら『和民』とかめちゃくちゃ強かったわけじゃない。駅前の一等地で誰でも知っているブランド、ある程度おいしいことがわかってる、みたいな。ロードサイドのファミリーレストランなんかもそうだよね。それが、SNSのおかげでガラッと変わった。むしろ、食べログの点数が高い、知る人ぞ知る店の方が人気になって。まろのやり方は、それにすごく合ってると思う。

花光 わざとそう見せているわけじゃなくて、うちのビジネスモデルの根幹には、独立っていうのがあるんですよ。働いてる子たちにとって「いつかは独立したいけど資金が足りない」っていうのが一番つらいから、業務委託でどんどん独立してもらうんです。これがうちの業務委託のスキームで、200

堀江 店舗は業務委託です。

花光 それは社員が？

堀江 そうです。

花光 どんな感じで独立させるの？

堀江 面談をして、それに通ったらやりたい店舗を持って独立です。

花光 へえ！

堀江 例えば、店長がそこの店舗を持って独立したいって言えば、独立してもらいます。売上入金をしてもらい、そこから、うちは固定の業務委託費用をいただく。……っていうモデルです。

花光 なるほどね～。売上入金以外のメリットは？

堀江 こちらにとっては、店長が突然「もう辞めます」みたいなリスクがない。向こうのメリットとしては、独立してオーナーになったら忙しくて時間もないし、数字のことがなかなかわからないじゃないですか。その点、業務委託だと経営も財務もこちらに任せてくれればいい。月字決算、キャッシュフローや利益の状態もしっかり見ますから、「次のお店出しても行けそ

堀江　うだよ」とか理論的なアドバイスもできるんですよ。それはお互いにいいことかなと。働くことをシェアする時代ですよね。

花光　それに、飲食の独立支援は人材の引きにもなるよ。

堀江　そうですね。おかげさまでどんどん入ってきてくれています。

花光　野心のある奴が入ってくるでしょ。

堀江　そもそも飲食はそういう子が多いですよね。特に居酒屋などは「やってやるぜ！」と気合が入ってる。

花光　独立して失敗する人はいる？

堀江　やっぱりいます。だからこそ、収支バランスや利益に対しての向き合い方はしっかり教えていきたいんです。

花光　みんな、財務の話とかわからないもんね。

堀江　僕だって最初はわからなかったですよ。だから財務から入って、勉強しました。僕たちの場合は上場したくないので全部借り入れでやってますけどね。

花光　なんで上場したくないの？

花光　上場しちゃうと株主から「そんな儲からない業態はやめろ」とか言われたりしそうじゃないですか。そういうのがちょっと……。何の制限もなく、世の中にない業態やサービスを生み出し続けていきたいと思っています。

堀江　でも、M&Aをやろうとすればお金はかかるじゃない？

花光　かかりますよ。

堀江　借りられるんだ。

花光　そうですね。あと、現金も結構用意しているんです。M&Aやいわゆる事業承継用に手元に現金を置いてます。

堀江　いつでも買えるように。

花光　そうです。

堀江　じゃあ、結構現金で買ってるんだ。

花光　全部現金ですよ。

堀江　全部！　すっげぇな(笑)。

花光　だから、借入もかなりしていますし、大変ですよ。

堀江　なるほどー。

花光 （家賃の）保証金も流動化したいんですよね〜。多分、大家さんに渡してる保証金だけで数十億はあると思うんですけど、おそらくなくなっている保証金もあるかと思います。これを担保に**レバレッジ**を利かせられたらって思うんですけれど、なかなかうまくいかないんですよ。

堀江 なんで？

花光 大家さんが嫌がるから。担保にしようとすると、それはダメだよって。

堀江 え、でも、大家さんが現金を握っているわけだから、それを担保にしたところで大家さんにはリスクなわけじゃないでしょ。

花光 その通りなのですが、大家さんって結構前時代的な方もいらっしゃって……。業務委託も嫌がるんですよ。だから、今は最初に契約するときに業務委託の文言を入れてます。

堀江 実質的な転賃だと思われる？

花光 そうなんです。運営委託をして、プレイヤーが変わるだけだって説明しても「なに言ってんだ」。転賃で失敗している人が多いんでしょうね。でも、僕らはそうじゃない。「業務委託のビジネスなのでやらせてください」っ

レバレッジ
借入金などを利用して投資をすること。

て言って契約書も作らせてもらってます。

堀江 保証金、結構大事な話かもね。

花光 もっとレバレッジをかけていくためには大事かもしれないです。結局、飲食で成功している会社って、不動産に強い会社が多いです。

堀江 まあ、不動産ビジネスだもんね。

花光 そうそう。結局そうなんですよ。

堀江 不動産開発まで手掛けると、結局借り入れがデカくなっちゃうからね。大変っちゃ大変。

花光 そうなんです。借入とキャッシュフローだけで展開していくのは結構大変です(笑)。

堀江 まあ、上場する会社を作るのもいいかもしれないけどね。

花光 話がそれましたけど、M&Aや事業承継した会社の社員もどんどん独立させてるんですよ。

堀江 へ〜。元の会社の社員を。

花光 シャッフルも可能で、ほかの業態がやりたい人がいれば、違う店で独立。

母数が増えれば増えるほど、選択肢は広がるんです。やりたい気持ちさえあれば、全部ＯＫ！　社長になりたい子には、「いいよ」って渡す。この前『WAGYUMAFIA』とコラボイベントをした『虎峰』も子会社を作って独立したお店ですよ。

「田舎でのPRはファックスが効く。そのファックスを持って来店しますから」（花光）

堀江　M&Aする業態は選んでるんだよね？

花光　いや、選んでないです。「これどうですか？」みたいな感じで届いてから考えるので、基本的には選んだり探したりしているわけではありません。気になる会社や人に「一緒にやりませんか？」って持っていくことはなくはないですけど。

堀江　M&Aのあとは業態改善するんでしょ？

花光　赤字のお店に関しては、もちろんします。

堀江　どういうことをやるの？

花光　まず販促は大きくやります。

堀江　販促ってなにするの？

花光　それまでやらなかったPRですね。

堀江　チラシを配るとか？

花光　うーん、配らないけど作りますね。あとはファックスのDMかな。

堀江　え、今？　現代に？

花光　そうですよ。近隣にバーッと送る。すぐ反響ありますよ。

堀江　うそでしょ、ファックスが⁇

花光　そうそう。1000〜2000軒に送りまくる。

堀江　ファックスの機械を持ってるの！

花光　結構持ってるんですよ。

堀江　へえ〜！　持ってるんだ。

花光　そうですよ。そのファックスＤＭを手に持ってお店にいらっしゃいますもん。

堀江　なに、割引券でもついてるの？

花光　そうです。

堀江　そうなんだ（笑）。

花光　単価が低い店、２０００〜３０００円の店は通用します。ファックスがいちばん反応が大きいかもしれません。

堀江　ファックスか〜。結構衝撃だよ（笑）。

花光　地方に行けば行くほどまだ使ってますよ。会社でもあんまり使わなくなりつつあるけれど、つまりは常識の範囲にないことをやったらいいんじゃないかなって。

堀江　なるほど。

花光　うちの店で撤退が少ないのは、撤退に至るまでに7段階考えているんです。オープンしたらファックスＤＭなどの販促を含めたＰＲをする。それでダメだったら、店長を入れ替える。それでダメだったら業態を変える。次は業務委託を考える。これは、やりたい人がいたら、です。さらにダメだったら転賃。次が、居抜きで置いておけないかを交渉。これは撤退コストを安くするためです。撤退コストも投資と見なしていますので。それがダメだったらスケルトンにして解約ですね。業態も2回まで変えてチャレンジしますから、3業態までやれる。

堀江 いっぱい業態があるからできることだね。

「国内では、3000店舗はできる」（花光）

堀江 メニューの試食とかは自分でするの？

花光 しますよ。昨日も試作でした。

堀江 へー！　仕事してるの見たことないからさ（笑）。メニューとかにも介在してるのね。

花光 やっぱり新業態は自分で作りたいんですよ。メニューと使う皿は自分で選定します。ブランドを変えたり、あとは季節のコースを変えるときも見ますよ。既存業態のメニュー変更は任せてます。

堀江 海外もあるよね。

花光 ありますよ。海外の場合も同じようにやります。ただ、海外の場合、業態は間違いなく和食がいいと思っていて。日本のR&Bのアーティストがアメリカに行っても、どうしても本物のR&Bにはなれないように、日本発祥のハンバーガーは通用しないと思うんですよね。だから和食、寿司、焼肉、しゃぶしゃぶ。そういうのをその国のフランチャイズする人と組んでやっていこうかなと。寿司がいちばんいいですけどね。

堀江 そうだね。でも海外は大変だよ。資本力とオペレーション力がそこまでないなら、儲けを追求するというよりは、安定したロイヤリティをもらえるやり方の方がリスクは少ないと思う。

花光 そうですね。国内でも、僕の感覚では、あと……2000〜3000店舗はできるんじゃないかと感じていて、まだまだやることがたくさんあります。

堀江　今は何軒くらいなの？

花光　今は４００軒、２０２０年内に５００軒かな。

堀江　なんでまろの店はそんなに拡大していけるわけ？　ほかのところはたいして拡大してないのに。

花光　やるからにはナンバーワンになりたいし、そうなるって言っちゃってるからやらないといけないし（笑）。

堀江　もっとやればいいのになぁっていう業態いっぱいあるよね。

花光　ありますね。決めたらぱっとやって、やりながら改善していけばいいじゃないですか。例えば、すっぽんの『月輪』は、「すっぽんやろう！」って決めて、内装工事取り掛かってから2週間でオープンしましたよ。

堀江　2週間！　物件は？

花光　居抜きです。後輩で元社員の店だったんですよ。

堀江　めちゃくちゃいい店じゃん。場所も表参道で。

花光　そうそう。居抜きなんですよ。だから初期投資２００万しかかけてない。

堀江　え〜！　えげつない！　それはえげつないわー。

花光 えげつない（笑）。でも、実際にそういうことができるんですよ。改装に80万円かけて、あとは、僕が皿好きなので、有田とかで骨董の皿などを買い集めてくる。それをちょこちょこっと入れてオープンです。

堀江 つまりさ、店作りにはクリエイティブなセンスがすごい大事なんだよ。それが自分でできればいい。まろはそれができる。

花光 無駄にお金をかけないで済みますね。多分、居抜き前の店は3000万円はかけてるんじゃないかと思います。内装に使ってる素材がいいですもん。そして、無駄が多い。僕はお金を稼ぐしんどさが分かっているから無駄が本当に嫌なんです。例えば仕事が終わってお店にビールを飲みに行くとします。その1杯が自分の労働を30分切り売りしたことで得られる対価なんですよ。そう考えると、僕はビールが飲めませんでしたね。

堀江 なるほどね。時給1000円でビールが500円、そうだよね。

花光 コスト意識っていうのは常に持っておかないとダメです。

堀江 でも、すっぽんって高くない？

花光 ほんと高い。しんどい。でも、今はどこに行っても原価は高いですよ。うなぎも、蟹も。でも、『月輪』も予約が取りにくくなってきていますから、世の中には「いくら払っても食べたい」っていう人は必ずいるんですよね。売れてさえくれれば原価が高くても大丈夫だと思います。

「ハイエンドの店をあえて展開するのも面白いと思い始めました」（花光）

堀江 『つぼ八』をやっていたオーナーから引き継いだ『ひもの屋』も順調だね。タッチパネルを導入して、どんどん進化してる。

花光 あそこは売上げますね。渋谷だと1カ月で1500万円くらいの売上があります。なぜだかわからないのですが（笑）。

堀江 （笑）。

花光 多分、家で作れないからじゃないかと思うんですよね。あと干物を焼くのが面倒だとか家に臭いがつくとか。あとは天ぷらとかもつ鍋とか。

『つぼ八』をやっていたオーナー
居酒屋のカリスマ・石井誠二氏（1942〜2019）。2013年、後継者のいなかった石井氏から、株式会社八百八町を買収、「ひもの屋」などの事業を継承する。この一件が、わずか創業6年の会社がなぜ、と話題を呼び、サブライムの名を一気に有名にした。

堀江 九州でもそうだ。もつ買ってくるのが大変だから。

花光 焼肉もそうですよね。

堀江 家でやるともくもくになるからね〜。俺はパン屋さんをやろうとしてるんだけど、それも「家で作らないから」のひとつでしょ。冷凍生地を使ってね。

花光 なるほどね。僕たちも2年前にパン屋を作ったんですけど、やっぱり作るのが大変。

堀江 『WAGYUMAFIA』で作ってる「ワギュワッサン」っていうクロワッサンがあるんだけど、僕が作ったのと『パティシエ エス コヤマ』の小山進シェフが作ったのを食べ比べると、小山さんのほうが断然うまいわけ。粉のグレードも高いんだけど、なにより、向こうは冷蔵庫の中でクロワッサンを巻く機械を持ってるんだよ！

花光 なんだそれは、ヤバい(笑)。

堀江 クロワッサンを巻くときって、ちょっとでも温度が上がっちゃうとバターが溶けて染み出ちゃうのが大変なんだけどさ、それを全部冷蔵庫の中でやるシステムがあって、それを使ってるんだよ。

花光 なるほど〜。面白いな。

堀江 つまりね、お店でコツコツやるよりも設備が整った工場に発注するほうが絶対いいわけだよ。ラーメンとかもそれですげぇ展開できるチャンスがあるなと思ってる。**アオリラーメン**(『アオリの神隠し』)なんて、すごいよね。創業者のスンリが炎上しちゃって今は不調だけど、『一蘭』の丸パクリで、一気に展開して。

花光 ラーメンはいいんですけど、そばは展開するのがもしかしたら難しいのかもしれません。

堀江 なんで?

花光 そばのマーケットがそんなに大きくないからだと思うんです。ラーメンって8000億くらいの市場規模があります。ちなみに、うどんとそばと合わせたら6000億くらいの市場規模なのですが、うどんは大きくて、そばは大きくないのかと。つまり、結局マーケットサイズに依存する部分は大きいですね。

アオリラーメン
2016年元ビックバンのメンバー・スンリ氏が創業したラーメン店。国内外で大きく展開したが、バーニングサン事件のダメージを受け、売上が激減。その後、アオリラーメンの本社・アオリE&Bは、個人投資家により買収されたものの、2020年3月に破産申請を提出。

堀江 西山（知義）さんは『しゃぶしゃぶ温野菜』で成功したけど、大変な思いをしたって。イチからマーケットを作らなくちゃならなかったから。焼肉とかラーメンとか、既にあるマーケットならそんな思いをしなくていいもんね。外で食べるものだって最初から決まってるから。

花光 確かにそうですね。西山さんほど世の中に受け入れられる業態を作り、展開させてきた人はおそらく日本にいないんじゃないかなと思います。僕、逆に高級中華の『虎峰』とか、すっぽんの『月輪』とか、ハイエンドの店舗って1店舗しかできないのかなと思ってたんですけど、そんなことないかもしれないと思いはじめていて。例えば、場所を変えて金沢でやるとか。

堀江 金沢なら寿司とかでもいいんじゃないの？

花光 僕もお寿司好きなんで、「寿司をやったらどうなるかな」って考えてみたんですけど、正統派なのかエンタメみたいにするのか……。

堀江 絶対エンタメがいいよ。

花光 そうですね。すっぽんも僕の中ではエンタメ。

堀江 寿司は特に、料理人と客との距離が近いから、お客さんは料理人につく。

花光　僕は、それをマルチキャストにしたいわけ。例えば、劇団四季って役者というよりも劇団四季っていうブランドを見に行くでしょ。人に寄らずに。『WAGYUMAFIA』で料理を出すときに「行ってらっしゃい！」って言うのも、全員が言うからいいんだよ。

堀江　なるほど。いつも全員で言ってくれますよね。

花光　でもうまいですよね。

堀江　実際、調理は絶対にひとりの職人じゃないとできないものではないし。

花光　肉がうまいんだもん。

堀江　そういうことなんですよね。単価が高い店はいいものをこねくり回さずにそのまま出すって大事だな〜。

堀江　ただ、出し方には工夫をして、さらにマニュアル化して。マニュアル化をなんだかんだ言う人もいるけど、お客さんにとっては関係ないことじゃん。楽しめるか楽しめないかって話で。パフォーマンスの安定はすごく大事だけど。

花光　そうですね。

堀江　話を戻すと、ハイエンドの業態を広げるって、面白いと思うよ。

花光　僕も100軒くらいできるんじゃないかって思っています。いやあ、いっぱいやりたいことがありますね。蟹、やりたいなぁ。〝蟹2・0〟をやりたい。なにをするか考え中なんですけど。

堀江　蟹か〜。俺なら秋冬しか開けない上海蟹専門店かな。

花光　いいですねー。

堀江　それだけ！　しか出さないの。

花光　うんうん、松葉とかタラバとかはやらずにね。ああ、あとはピエモンテの白トリュフもいいな。6席で単価20万円とか。年に3カ月しか開けなくて、あとの9カ月は僕が作って、お客様をもてなすシークレットレストランにしちゃおうかな。そんなことを考えるの、楽しいですよね。

堀江　そういえば『broc 長谷川稔Lab』ってとこに行ったんだけど、相変わらずユニークな展開をしてたよ。『長谷川 稔』とは別で、カウンター2席、テーブル4席が1セットで3業態。俺が行ったのはフレンチで、隣に寿司カウンターがあって、別の場所に中華もある。謎な展開だよね。

花光 へえ、面白いですね。『WAGYUMAFIA』も十分に面白いですけど。

堀江 面白いって言っても、さっきも言ったように「行ってらっしゃい！」もシャトーブリアンTシャツもしっかりマニュアル化してやってるからさ。そういう考え方が飲食にはなくて……。

花光 ノリでやってる人が多いですよね(笑)。僕もですが(笑)。

堀江 ノリですげえことになってる店とかあって、それはそれで面白いけどね。

花光 うん。一攫千金じゃないけど、飲食はあまり考え込まなくても当たるときがあります。

堀江 そうなんだけど、そのパターンで成功するのって偶然でしかないから。実際は、仮説と検証、実行のスピード、PDCAサイクルをどれだけ早く回すか、みたいなことをきちんと考えたプレーヤーが伸びるのは間違いない。『**鳥森百薬**』とかね。やっぱりすごく考えてるよ。やっぱりさ、うまいものが食えて、深夜やってて、お酒が充実している飲み屋はそれだけでありなんだよ、俺的には。

花光 そうですね。肴とお酒があれば成り立つ。

鳥森百薬
元エーピーカンパニーの副社長だった大久保伸隆氏が開いた人気居酒屋。メニューの大半は他店の名品のお取り寄せで構成。

堀江 『鳥森百薬』方式である程度おいしい料理は外注にしてさ、最低限のオペレーションと接客ができればワンオペでいいわけじゃん。（売上の）メインは結局お酒なわけだから。料理は外注じゃなければ冷凍もいいね。とにかく原価を3割以内に抑えられれば。

花光 僕としては、カクテルは高くていいと思うんですけど、ワインが高いのがな〜。日本酒も同じですけど、開けて注ぐだけなのに高くつけるのがつらい。僕の店はワインの原価8割超えてます。

堀江 ええ〜、そうなの？

花光 飲みに行っても、すごく思っちゃいますね。自分は仕入れ値を知っているわけじゃないですか。3万で仕入れられるワインを、8万とか10万とかで出してたりすると……。

堀江 そういうレンジは7〜8割でいいんだと思うよ。『**アンブレラ**』みたいな。まあ、俺は高級業態のワインバーは考えないかな。だって、普段からそんなに高いワインを飲む必要なくない？　チリとか南アフリカとか、原価600円、700円でおいしいのが相当たくさんあるじゃん。

アンブレラ
超高級会員制ワインバー。

花光　南アフリカとかめちゃくちゃおいしいのありますよね。

堀江　そうなんだよ。めちゃくちゃいいのに安い。だから1本2000円とか3000円で売っても、客にとっては十分に安いよ。グラスで400円とか500円で出せるでしょ。それで利益率3割切るって。

花光　そういうことか。確かにそうですね。額じゃなくて率で。

堀江　いくらでもやりようあるって。日本酒なんか元が安いからいくらでも安く出せる。俺がやるなら、単価3000〜4000円でフードが充実、ワンオペ。雰囲気もいい店。

花光　それはアリですね。堀江さん、踊る方のクラブとかはどうですか？　すごい売上ですよね。超狭くても年間数億は売れるんじゃないですか。

堀江　今、話してるのあるけど、スケールすごいよ。

花光　おお、やるんだ？　堀江さん、やっぱり飲食の人ですよ。

堀江　なんなのよ、何度も(笑)。学ばせてもらってはいるけど。

花光　いや、マジで。一緒に旅行してても、ずっと飲食の話だもん。

堀江　ああ、西山さんとまろと旅したね。確かに、ずーっと飲食の話をしてた。

花光 そうそう。「あれ？　堀江さん、ＩＴのはずじゃ？」って(笑)。

堀江 いや、ＩＴの話もするよ。するんだけどね。

花光 飲食×ＩＴのサービスがもっと普及して、当たり前になっていけば、この業界はもっと魅力的な業界になっていきますね。例えば、棚卸が自動化できたり、シフト管理や発注もＡＩが自動で行ったり、この立地にこのブランドを出せば、どれくらい売れるか、など精度の高い売上予測を出せるサービスを開発したり。それをクローズドでやるのではなく、飲食に従事する人が全員使えるサービスにできればもっともっと飲食の裾野が広がり、楽しくなるな～と思っています。

堀江 まろみたいな経営者目線が増えると、裾野も広がると思いますよ。ありがとうございました。

GYRO HOLDINGS 株式会社

株式会社subLimeは2006年創業。2005年、スタートは吉祥寺の屋台だった。吉祥寺地区周辺に、屋台や個性的な店舗を次々に展開。相次ぐM&Aと事業承継により、10年間でサブライムグループで約400店舗を持つ企業体に成長。2019年11月カフェ・カンパニー(株)と経営統合し、純粋持ち株会社GYRO HOLDINGSが発足。

くろぎ店主
黒木純
vs.
堀江貴文

黒木 純

6

…

KUROGI JUN

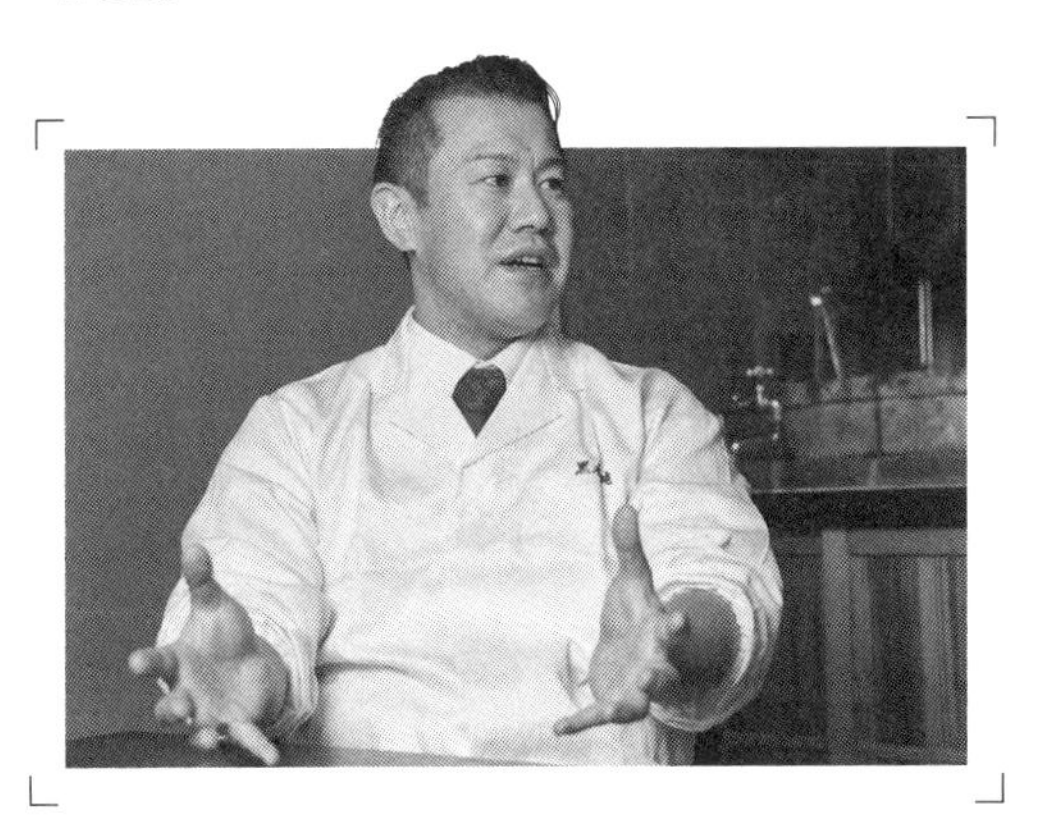

1978年、宮崎県宮崎市で割烹店をいとなむ両親の下に生まれる。高校卒業後、和の名店「京味」で修業。西健一郎氏に師事。2007年、29歳で「湯島121」をオープン。2010年、現在の「くろぎ」に店名を変更。2012年からオンエアされた「アイアンシェフ」では、「和の鉄人」としてTVに登場し、注目を集める。その他、「廚(くりや) 菓子 くろぎ」「くろぎ茶々」「廚 otona くろぎ」なども展開。

「テレビは怖いですよ。ディレクターやプロデューサーの価値観でセルフプロデュースができなくなる」（黒木）

堀江　いろんな場面でご活躍ですね。

黒木　昔は料理人がいろんなところに出ていくと、安っぽいイメージがあったじゃないですか。今は、SNSの影響で随分変わりましたね。たとえば「あのおっちゃん、見たことあるな」ってなればすぐに名前も店名も検索される。あっという間に出ちゃうんですよ。もちろん、僕もです。だったら、自分からあちこちに顔を出すのは悪いことじゃないかな、と思いまして。

堀江　薬味屋さんまでやっているんですよね。『アルブルノワールヤクミ』ってなんだ？

黒木　フランス語で「黒い木」という意味です。

堀江　なるほど。

黒木　昔から薬味が好きだったんですよ。自分で調合しはじめて、もう10年以上ですね。鎌倉の若宮大路にあるお土産屋さんで、プロデュースした薬味を売らせてもらってます。

堀江　売れますか？

黒木　売れますね。年末年始、アジサイ、桜の季節……、修学旅行生も年配の方も、お土産に買ってくださるんです。

堀江　立地は大きいですね。

黒木　あとね、お客さんを集めるために、1個60円くらいの、回転するマシーンで作る饅頭を売ってるんですよ。鎌倉焼きって言うのかな？　その機械が、今日本に3台しかない。800万円くらいするんですけど、ああいう昔の日本の機械がガラス張りで見えるだけで、修学旅行生は焼きたてのイメージで買ってくれるんです。そして、薬味も買ってもらうという。

堀江　60円の饅頭で寄せておいて、薬味を売るんですね。考えられてるなぁ。東大の中にある『廚 菓子 くろぎ』はどうですか？　行ってみたいんだけどまだ行けていなくて。

黒木　いつでもいらしてくださいよ。大歓迎です。

堀江　本郷ってなかなか行く機会がないんですよね。

黒木　母校じゃないですか。

堀江　そうなんですよ。だから、決まっちゃってて。本郷に行ったら『洋食屋せんごく』に行ってハンバーグ食べちゃうから。

黒木　有名ですね。

堀江　昔からあれが好きで、年に2回くらい本郷に行くんですけど、いまだにあるから行っちゃうんですよ。

黒木　それくらいなんですね。講師に呼ばれたりしているのかと思いました。

堀江　呼ばれても行かないですよ(笑)。10年くらい前に行ったきりじゃないかな。それにしても、なんで東大の中に店を作ったんですか？

黒木　建築家の隈研吾さんが、うちのお客様で、東大の中に『ダイワユビキタス学術研究館』というのを建てることになって。そこに飲食店を作りたいから、どう？　っていうお話をいただいたんです。

堀江 ああ！

黒木 その一角にあります。

堀江 『実家くろぎ』の入っているシェラトン・グランデ・オーシャンリゾートは、あれだね、川越達也シェフがやってたところ。派手にいなくなったけど。

黒木 ああ、でも復活してテレビに出たとか。

堀江 テレビかー。

黒木 僕もあまり言えた立場ではないですけど、テレビには出るもんじゃないですね(笑)。やっぱり怖いですよ。ディレクターやプロデューサーのものだから、セルフプロデュースが効かなくなるんですよね。僕は芸術のつもりでやっているのに、あちらの感性ではしょられて、つなげられちゃう。「ここがポイントなのに！」ってあとで思うんですけど、もう遅い。結構苦労します。

堀江 見ている人たちがそういう感じだから仕方ないんじゃないかな。僕も、今はYouTubeでひとりでしゃべってるのがいちばんいい。「堀江さん、すっごい気持ちよさそうにしゃべりますね」って言われます。「そんなことないんだけどな」って思うんだけど、考えてみたら、そうか、テレビで僕を見ている人たちは編集された僕しか見てないのか！って。

黒木 結構、イメージ強くなっていると思いますよ。『サンデージャポン』とか見てても、堀江さんちょっとキツく見えますもん。僕が知っている堀江さんは、食が好きで、やわらかくて、ワインが好き。そのイメージは、テレビだけ見ていると壊れていっちゃいます。

堀江 そう、怖いイメージになってますよね、俺。ほんと、百害あって一利なしだよ(笑)。４Ｇになってから、みんなYouTubeじゃないですか。

黒木 そうですね。

堀江 今は普通につながるけど少し前まで、ちょっとつながりにくいところに行くと３Ｇだったじゃない？　年末年始はバンコクにいたんですけど、前は３Ｇとか**GSM**になることも多かったのが、今年はどこに行ってもばっちり４Ｇにつながりましたね。

黒木 へえ、すごい。進化してるんですね。

GSM ２Ｇのこと。

「すぐにYouTubeで検索できる子は急速に伸びますよ」（堀江）

堀江 どこにいても4Gを使えるようになったことで、なにが変わったって、動画をストレスなく見ることができる。広告つきでもストレスを感じなくなってきてますよね。完全に変わった。5Gになったらもっと変わりますよ。

黒木 僕ら料理人にとってもすごいことなんですよ。料理を学ぶってときに、スッポンのさばき方、ふぐやうなぎみたいな特殊な魚のさばき方って、昔は専門店に行って誰かに見せてもらったり、教えを乞うしかなかったんです。それが、今の若い子たちはYouTubeでガンガン見てますからね。

堀江 そうでしょ。成長スピードが違うよね。

黒木 昔は「見て盗んで覚えろ」なんて言ってましたけどね。教えてもいないことを知ってるから驚きますよ。昔は料理についての質問もできなかったですからね。たとえば、「ほうれん草をゆでるときになんで塩を入れなければならないんですか?」なんて、聞きたいけど聞けない。「そんなもん、昔から決まってるんだよ」で終わっちゃいますから。それを、今の子たちは聞かずに検索すればいい。頭がすごく大きくなっていますよね。それと料理の腕はまた別だから、そのバランスが、これからの時代の難しいところだと思うんですけれど……。

堀江 僕はね、とりあえずなにもできない子は置いといて、その「検索」という行動ができる子は急速に伸びると思いますよ。

黒木 おっしゃるとおりです。すごく成長が速い。何十人かにひとりですけど、両立できる子がいるんです。腕も立つし、頭もいいし、吸収も速いという子が。

堀江 神戸の『**すしうえだ**』とかそうですよね。知ってますか?

黒木 聞いたことあります。

堀江 あいつはヤバいですよ。まだ26歳だっけ? 淡路島の寿司屋で3年くらい修業して、「皿洗いしかさせてもらえませんでした」って。それは言い過

『**すしうえだ**』
最近、堀江氏が注目している神戸・元町の鮨店。2018年末に弱冠25歳でオープン。

ぎかもしれないけど、握らせてもらうことはなかったみたいですね。それで動画見て勉強して、開店しちゃった。いやぁ、すごいんだよ、吸収力がすごい。

黒木 寿司屋はそういう天才と、最近は〝なんちゃって〟も多いんですよ。

堀江 うん、多いかもね。

黒木 寿司って、僕らのような日本料理からしたら、物質としてものすごいものなんですよ。なぜかって言うと、まず、生魚の文化、お米の文化、お米の中に酢の文化、発酵の文化。醤油にわさび。日本をひと口で食べられる料理なんです。これは、日本料理の中には見つけられない。

堀江 うん、そうだね。

黒木 だからこそね、プライドを持ってほしいんですよ。誰とは言わないけれど、寿司を手に乗っけて写真を撮らせる寿司屋！　あれは……。

堀江 あははは。

黒木 だって、素手でお米と生魚を触れるのって日本だけなんですよ。海外では、基本的に手袋をしなくちゃいけませんから。そこにプライドを持ってほしいんですよ。シャンパンの下を持って注いだ手で、洗わずに寿司を握るなんて……！

堀江 まあまあ。でもそうですね。

黒木 僕はやっぱり、人の口に入るものを握る手は清潔であってほしい。ましてや生ものですから。それを、手に取って写真を撮るって……。インスタ映えはするかもしれないですけど、どうなのかなっていうのは常に思っています。誰かああいうのを怒る人がいないとダメなんじゃないかなぁ。

堀江 いないいんじゃないですかね(笑)。

黒木 友だちの『鮨さいとう』の齋藤なんかには、「寿司協会みたいなのを作ってまとめないとダメだよ！　やりたい放題させてちゃ」って言ってるんですけどね。

堀江 そうなんだ(笑)。

「日本人の腸内環境がやわになってきている気がする」（黒木）

黒木 最近はアニサキスの問題も増えてる。地球の温暖化とともに、イカやサバはもちろん、マグロにも入ってることがあるんです。

堀江 アニサキス、ヤバいですよね。

黒木 ヤバいんですよ。だいたい寿司屋で食らうでしょ。

堀江 お寿司屋さんの修業では、アニサキスのことは習わないんですか？

黒木 そもそも「修業ってなんなのか」って話ですよね。たとえば、最近、寿司屋は5年で独立する人が多い。それくらいで握れるようになるので、できちゃうんですよ。でもね、よく考えてみると、春夏秋冬をそれぞれ5回しかやってないわけですよ。それじゃあ、無理なんです。やっぱり、10周はして、その中で魚に触れて、「この時期の魚はこういう状態なんだな」「こういうことが起きるんだな」っていうのを知っておかないと。アニサキスが見抜けないのも経験不足だからですよ。

堀江 僕は食らったことないんですよね。

黒木 僕はめちゃくちゃ食らってますよ。

堀江 え！　そうなんだ。

黒木 職業柄、そうですよ。漁師町に行ってその場で食べたりするでしょ。サバなんかも生で食べちゃうから、だいたいくらいます。3日間くらい入院したこともありますよ。

堀江 大変だ。

黒木 すでに重度のアニサキスアレルギーになってるんです。アニサキスが通ったあとの物体を食べても発症しちゃいます。次に発症したらすぐに注射を打ちなさい、っていうくらいの重度です。一番上からひとつ下くらいみたいです。

堀江 一番上になると？

黒木 ショック症状で気管が膨張して、注射を打たないと呼吸困難に陥るくらいのレベルですね。

堀江 僕自身はアニサキスを食らったことはないんだけど、友だちが勝手に調べて、レベル5だって言われたんですよね〜。

黒木 結構ひどいじゃないですか。もう入っているということですね。

堀江 入ってるの？　だって、入ったら痛かったりするんでしょ？

黒木 体内でアレルギー反応を起こすから痛みが来るんですよ。レベル5ってことは、だいぶ蓄積されていますね。

堀江 そうみたいなんです。でも当たったことはない。

黒木 腸内環境によるんですかねぇ。

堀江 死骸でも蓄積されるらしいです。黒木さんが入院したりっていうのは、もちろんショック症状が出たからでしょ？

黒木 そうです。3日入院して、絶食絶飲で苦しみました。僕らの仕事って基本的に人の口に入れるものを扱っているわけだから、本当に怖いんですよ。衛生問題は、すごく危なっかしいと思っています。しかも、「あそこ、食中毒起こしたらしいよ」って命取りになる。

堀江　僕がやってる『WAGYUMAFIA』が扱っているのは肉なんですけど、それはそれでね。精肉は大丈夫だけど、レバーは絶対ダメ。胆管がくっついていて、腸から細菌が遡ってくるんですよ。だから、絶対に火を通さないとだめです。

黒木　急にレバーとか、肉の生食がダメになったじゃないですか。あれは、僕が思うに、日本人の腸内環境がやわになってきてるんですよ。インド人がインドのものを食べてもお腹を壊さないのと一緒。

堀江　そうなのかな。

黒木　僕、マタギさんと猟に行って、あの人たち、鹿のレバーをかっさばいて塩ふって食べたりするんですよ。これがめちゃくちゃうまいんですよね。

堀江　そりゃ、うまいよ。うまいけどね……。

黒木　僕は一発でアウト。1週間寝込みました。でも、彼らはまったく問題ない。これって、腸内環境の違いなんじゃないかと。

堀江　そういうことはあるかもしれないね。たとえば、海藻なら、日本人は分解できるけど、西洋人はダメですよね。逆に言えば、日本人は乳製品に弱くて、乳糖不耐症が多い。まあ、それはいいとして、寿司屋ね。とはいえ、ずっと食べすぎると死骸でも反応しちゃうしなぁ。

黒木 そうそう。

堀江 僕の場合はそれですよね。アナフィラキシーの前の段階の、胃壁を食べられて悶絶する、みたいな経験はないんですもん。大丈夫だと思っていたら、友だちが急に「調べたけど、寿司食うのを控えたほうがいいよ」って(笑)。漁師町で漁師が持ってきた生魚とかは控えたほうがいいんだろうなと思ってます。

黒木 やっぱり、問題は水温ですよね。江戸時代と比べると、平均水温は4〜7℃上がってると言われてるんです。そりゃあ、魚も変わりますよね。たとえば、サワラって、魚へんに春って書くでしょ？　だけど、春に食べてもうまくもなんともない。冬に食べる魚になっています。

堀江 春の魚のはずなのに。

黒木 いよいよ、だいぶ変わってきましたよ。カツオは戻ってこない、サンマは獲れなくなる。イカにアニサキスがいるのは当然で、マグロまで。やってられないですよ。

堀江 なんで以前は、マグロにはいなかったんだろう。

黒木 マグロって、数少ない体温がある魚なんです。23℃くらいなんですけど。アニサキスはそういう体温の中にはいられなかったのが、内臓の中には以前からいて。それが身にも入るようになったみたいですね。

堀江 物騒ですね。

黒木 マグロもそろそろ危ないですよ。

堀江 嫌だなぁ（笑）。

「日本酒のアル添は、わからないどころかおいしくなると思いますよ。『純米酒』って言葉に惹かれているだけ」（黒木）

堀江 ところで、テレビ番組の『アイアンシェフ』って何回くらい戦ったんですか？　刑務所にいるときだったから、ほとんど見られなかったんですけど（笑）。

堀江 ありゃー。10回くらいだったと思います。

黒木 刑務所ってテレビでなにを観るか決まっていて、『アイアンシェフ』は2回くらいしか放送されなかったんですよね。

堀江 2回も放送されて、逆に光栄ですよ。

黒木 あ、でも黒木さんの回じゃないよ。

堀江 えー（笑）。

黒木 **（山田）ヒロさん**の回は観たな。感動の復活！　みたいな。

堀江 ヒロさんの料理は、昔食べて本当においしい料理を作るなぁって思いましたね。

黒木 大麻のせいじゃないの？（笑）。たとえば、お酒で思考が二次元になったりするじゃないですか。それのもっと上……上っていうとあれだけど……スティーブ・ジョブズがLSDやってたのも、頭の中でシナプスがぶわーっとつながって四次元とか五次元の思考ができるようになるんじゃないかと

『アイアンシェフ』 かの「料理の鉄人」の復活版として2012年10月から2013年3月まで放送された。黒木氏は和のアイアンシェフとして活躍。

（山田）ヒロさん 山田宏巳シェフ。イタリア料理の天才と謳われ、「トマトの冷製カッペリーニ」などを生み出し、80年代のイタ飯ブームを牽引した。2006年に大麻不法所持で逮捕。「アイアンシェフ」ではその復活を賭け、無敵を誇った中華のアイアンシェフ・脇屋さんと対決し、見事勝利した。現在も青山「テストキッチンH」で活躍中。

思うんです。僕は合法的な話しかしてないですけど、2016年までは笑気ガス、つまり亜酸化窒素が入ったホイップクリームが日本でも普通に買えて、それは吸うと頭の中が高周波になって、思考が高回転になるんですよね。

黒木 ヒロさんは違うと思いますが(笑)、僕も聞いたことがあります。そういうものをやりながら料理を作ると、めちゃくちゃいい料理ができるって。味の強いものでも、頭の中で味を分析できるとかね。

堀江 そうだと思いますよ。

黒木 だから、作る方も食べる方も、おいしく感じるってことはありそうですね。

堀江 いろんなものを食べ飽きるほど食べた人って、そういうものに頼ってるケースはあるかもしれないな。

黒木 うまみ調味料も似たところがあるかもしれないですよね。化学的に作られたグルタミン酸の強いやつがぶわーっと入ってきて、頭が「うまい!」ってなっちゃうみたいな。

堀江 僕はそこに関しては、成分的にまったく同じなら、同じでしかないと思いますけどね。もちろん、黒木さんは使わないだろうけど。**グルタミン酸ナトリウム**ってまだ歴史が浅いんです。だって、単体だとわからないから。塩味が加わって、初めて際立つものなので、発見されてなかったんですよ。日本で発見されたというのは必然だと思うんですけど。

黒木 アレは優秀ですよ。１００年以上続く某有名料理屋でも絶対に使っています。

堀江 ラーメンなんて、アレを入れなかったらおいしくならないじゃないですか。

黒木 僕が矛盾を感じるのは、〝命のスープ〟なんて言って何時間もかけておきながら、最後にアレをガバッと入れるでしょ。それで成立するわけですよ。だったら、もうちょっと最初から化学的にいっちゃえばいいんじゃないですかね。そんなに手間をかけてスープを抽出する意味はどこにあるのかな？なんて思っちゃうんですけど。

堀江 僕は甲類焼酎と乙類焼酎の違いだと思います。

黒木 なるほどね。

堀江 乙類は、主成分のエチルアルコール以外に、いろんな亜種が蒸留したとき

グルタミン酸ナトリウム
１９０７年、東京帝国大学理学部化学科の池田菊苗教授が発見した。「日本の十大発明」の一つといわれている。翌年、特許を取得。事業経営を請け負った二代目鈴木三郎助氏が「味の素」という商品名をつけ、販売。のちの「味の素株式会社」となる。

に出てくるんですよ。昆布もそうなんですよね。グルタミン酸ナトリウム以外のうまみ成分が絡み合ってるのが面白さだと思うんです。だから、逆に三倍増醸の日本酒とかと同じで、入れる分にはエチルアルコールを添加するのもいいと思うんですよね。

黒木　そうですね。

堀江　**『美味しんぼ』**が主導した純米酒ブームってあったじゃないですか。**「純米じゃなきゃ、ホントの酒じゃねぇ！」みたいな。**でも、実際のところ、エチルアルコールを入れてもわからないと思いますよ。

黒木　わからないどころか、おいしいと感じると思いますよ。みなさん「純米酒」って言葉に惹かれているだけで、アル添（アルコール添加）の意味をわかっていない。添加したほうが酵母の味が立ったり、ふくよかになったりすることもあるんです。

堀江　ラーメンのスープにうまみ調味料を入れるのと一緒ですって。

黒木　そうか、そうですね。

『美味しんぼ』
1983年にビッグコミックスピリッツ誌上でスタート。原作・雁屋哲、作画・花咲アキラ。一大グルメブームを巻き起こし、様々な問題定義で食の安全や美味しさへの関心を高めた一方、極論も多く、物議を巻き起こすことも多々。

「純米じゃなきゃ、ホントの酒じゃねぇ！」みたいな。
第54巻「日本酒の実力」1〜6参照。

「『美味しんぼ』はトンデモ漫画だけどあのスッポン鍋は食べたいと思った」（堀江）

堀江　『美味しんぼ』って、トンデモグルメ漫画ですよね。

黒木　**僕の師匠**も登場するんですよ。

堀江　知ってますよ。だって俺、西さんの名前って『美味しんぼ』で知りましたもん。

黒木　あはは！　そうなんですよ。だから僕としては、その件にはコメントしにくいんです（笑）。

堀江　雁屋さんはお店には来てたんでしょ？

黒木　いらしてましたよ。でも、まあ、脚色はしていますよね。エンターテイメントだから。

堀江　すごく脚色してるんだけど、みんな信じていて、結構な影響力があるんで

僕の師匠
西健一郎氏。1967年、30歳で新橋に「京味」を開店。多くの著名人に愛され、東京の日本料理店の代名詞のような存在として君臨。優秀な弟子を数多く育てたことでも知られる。「美味しんぼ」では様々な話に実名で登場。2019年逝去。

すよね。「アル添しちゃダメ」「化学調味料は毒薬だ！」みたいな調子で描いてあるから。僕としては「ちょっと言いすぎなんじゃないかな」と。『美味しんぼ』って雁屋哲の性格を細分化して各キャラクターにのっけてるって聞いたことがあります。たとえば、厳しさは海原雄山、未熟さは山岡士郎……みたいに。

黒木 そうなんですか。

堀江 雁屋さんの中には『美味しんぼ』のキャラクターが全部いるわけなんですよ。つまり、めちゃくちゃめんどくさい人でしょうね（笑）。まあでも、僕も「いつかは**あのスッポン鍋**が食べたいな」とは思っていましたよ。

黒木 そうですよね。玄人ながら思いましたもん。「これは食べに行かなくちゃ」って。

堀江 あんなわけないいんだけどね。でも、**丹波の黒豆**なんかは食べてマジで感動しましたしね。

黒木 今の和食文化の礎に貢献しているってことはありますよ。

堀江 功罪はあるでしょうね。ビールなんかもね。「**ドライビールは悪魔の飲み**

あのスッポン鍋
第3巻「土鍋の力」。30年間使い続けたすっぽんの土鍋で作った雑炊が、水と醤油だけなのにすっぽんの旨味が詰まって絶品という話。

丹波の黒豆
第14巻「ビールと枝豆」参照。

ドライビールは悪魔の飲み物だ！
第18巻「ドライビールの秘密」前後編参照。

物だ！」「ビールとは、麦芽とホップのみで造るものなのだ！」って。

黒木　まあまあ。

堀江　でも、日本のビールを知っていくと面白いなーと思ったりして。

黒木　あんなにクリアなビールが4社並んでいるのって、日本独特なんです。海外のビールはだいたい濁っていますよね。あの濁りは酵母なわけで、日本の酵母はどこにいってるかというと、化粧品メーカーなんかに高額で売れているわけです。

「日本の料理人は世界一になれる。ネットフリックスで世界一はヤバいですよ」（堀江）

堀江　だいぶ話がそれましたね。『アイアンシェフ』に戻しましょう。あれって誰から誘われたんですか？

黒木　流れ的には〝アイアンシェフ認定員会〟みたいなものが組織されているんです。見城徹さんとか林真理子さんとか、いろいろな方がいらっしゃって、アイアンシェフを選んでいましたね。

堀江　あれって、本当に1時間で作ってるんですか？

黒木　もちろんです。1時間経ったら怒号が響いて、「キッチンから出てください」ってスタッフに連れ出されるんです。それまでに完成しなかった料理は、試食もしてもらえない。

堀江　本当に食べてもらえないものもあったんですね。

黒木　あります、あります。

堀江　つらいなぁ。

黒木　本当に。メインに仕上げようと思っていた料理がダメだとね。僕なんかは何度もやっていくうちに慣れていってるんですけど、挑戦者たちはやっぱりかわいそう。目の前にハンディカメラがついていて、クレーンカメラが下りてきて、そのなかにいたらめちゃくちゃ緊張するじゃないですか。そもそもお店でしか料理していなくて、キッチンスタジオなんて初めてだし。

堀江　どんなところで修業してきた人も緊張しますよ。
黒木　そうなんですか。
堀江　あれは鉄人が有利ですね。最初はもちろん緊張しましたけど、キッチンの形は毎回一緒だし、どこになにがあるかわかってくるけど、挑戦者はわからないから。
黒木　どこになにがあるか見せてもらえないんですか？
堀江　15分だけ見せてくれます。でも、それだけですから、挑戦者は相当不利ですよ。
黒木　あれって、ネットフリックスとかでやらないのかな。
堀江　そういう話はないですね。
黒木　**成澤さん**とか出てますよね？
堀江　そうなんですか？
黒木　すげー出てますよ。ネットフリックスはヤバいです。出ないとダメですよ。
堀江　じゃあ、出ましょうか(笑)。
黒木　企画を作って、やったほうがいい。特に『**シェフのテーブル**』ね。バンコ

成澤さん
世界ベストレストランの常連でもある「NARISAWA」オーナーシェフ。

『**シェフのテーブル**』
世界の有名シェフを取り上げたドキュメンタリー。

クに、なんでだかゴーグルをかけたおばちゃんがやってる屋台があるんですよ。その屋台が『シェフのテーブル』に出てて。『WAGYUMAFIA』を一緒にやっている浜田が行ったんですけど、午後2時から並んで午後11時から食べはじめて、食べ終わったの0時半だって。それくらいすごい影響力なんですよ。一気に世界的な有名人になる。

黒木 日本で出てるのって誰ですか？

堀江 誰でしょうね。成澤さんは『**ファイナル・テーブル**』の審査員。若手シェフの登竜門みたいなトーナメント戦で出てくるやつ。

黒木 ありますね。

堀江 僕が好きなのは、オーストラリアのネットフリックスが制作している『シェフズ・ライン』っていう番組。ただ、オーストラリアのレストランしか出てこないんですけど、たとえば、日本食だったら、オーナーシェフ、スーシェフ、料理人、見習いみたいな4人組が出てきてそれぞれが素人4人と戦うんです。素人っていっても家庭料理のプロだから、2番手くらいまでは負けちゃったりする。でも、オーナーシェフは最後に勝つ！ みたい

『ファイナル・テーブル』 各国の有名料理にシェフがチームで挑む勝ち抜き戦番組。

な感じで。和食なら「今回はお寿司」とかテーマが違ってね。

黒木 面白いな〜。出てみたいです。マネージメントしてくださいよ。『アイアンシェフ』を辞めてから、無性に戦いたくなるときがあって。

堀江 黒木さんはすごくネットフリックス向きだよね。

黒木 ほんとですか(笑)。ますますやりたいな。

堀江 向こうのバチェラーとかは、絶対日本人でなれる奴いないと思うけど、料理なら世界一になれると思うから。ネットフリックスで世界一になったらヤバいですよ。

黒木 やりたいですね〜。

堀江 だって、観ている数が1億人以上。僕は、料理の番組ばっかりすげぇ見てますよ。

黒木 僕も観てますよ。面白いのがいっぱいある。

堀江 『WAGYUMAFIA』も出ますからね。これは絶対出てほしいわ。

「今、日本が世界に向かって戦えるのは和牛。そう簡単にキャッチアップできませんよ」（堀江）

黒木 和牛って、中国が解禁になったんですね。すごくないですか？

堀江 通達出ましたね。

黒木 通達だけで、実質は行ってない？

堀江 いや、行ってる。もう、どこへ行っても大丈夫(笑)。

黒木 大チャンスじゃないですか。

堀江 いやあ、だからもう、日本じゃ和牛は食えなくなりますよ。

黒木 僕も**上海に店**があるじゃないですか。もう「和牛くれ」「和牛くれ」って。食べたくてしょうがないみたい。

堀江 卸しましょうか？　いちばんいいやつを。

上海に店
「くろぎ上海」。ベラージオ上海ホテル内にあり、運営はラオックス（株）の子会社。

黒木 ぜひぜひ、本当にお願いしたいな。

堀江 やっぱり年末年始はすごかったですね。ワギュウマフィア・ザ・カツレツ・サンドイッチだけ年末年始も開けたんだけど、1日100万円売ってましたね。

黒木 すっごいですね。

堀江 ヤッバいですよ。

黒木 和牛って魅力があるんですよ。今、いちばん海外に向かって戦える武器ですよね。

堀江 和牛の精子が不正に輸入されたりしてるけど、やっぱり1代、2代じゃそんなにいいものは作れないですよ。そんなに簡単じゃない。たとえば、馬って人工授精がダメで種付けするんですけどね。日本で一番の『社台ファーム』は20年以上前にサンデーサイレンスっていう名馬を購入して、10年かかってやっと世界で戦えるようになった。凱旋門とかドバイワールドカップで戦えるようなクラスになるのは、20年以上かかるってことなんです。つまり、牛も馬も一緒で、メスの血統は持ち出せないから。オーストラリアやアメリカが、そう簡単に和牛をキャッチアップできるとは思えないですね。

「外国人客はほとんどゼロ。4カ国を話せるスタッフがいるのに！」（黒木）

堀江 最後に、こちらは外国人客ってどれくらいですか？

黒木 ほとんどゼロですね。

堀江 そうなの？　なんで？

黒木 受けてないわけじゃないんですけど、基本的に日本人のお客様で埋まっているからです。ほかのお店に行くと、日本人のお客様がこんなに多いのはうちだけなんだなって実感します。たまにホテルのコンシェルジュの知り合いから連絡が来て、入れますけどね。嫌っているわけではないです。

堀江 じゃあ、めちゃくちゃ伸びしろあるじゃないですか。

黒木　そうですね。

堀江　『吉兆』なんて、断っても断っても来るって。

黒木　断ってもないですね。うちは英語も……(スタッフを指して)こいつなんか4カ国語話せるのに、活躍の場がない(笑)。

堀江　つまりネットフリックスですね。あとはインスタグラム。うちはもう、インスタしかやってないです。インスタで見た5万円のカツサンドを食べに海外から来るんですよ。

黒木　5万円!

堀江　そうですよ。いちばん高い、神戸のチャンピオン牛のやつね。今、期間限定、完全予約制で出してるんです。

黒木　すごいな、食べたい!

堀江　いちばん安いので最初は1000円だったんです。それがどんどん上がって5000円にしました。やっぱりいちばん安いのがいちばん売れますよ。

黒木　でも、よく考えたら5000円って高いよね。ですね(笑)。

堀江　普通のメシとしては高いけど、食材がすごく高いから、ぼろ儲けしてるかっていうとそんなことはない。普通のフードコストか、むしろ少し高いかもしれません。

黒木　お肉屋さんが儲からなくなっちゃいますもんね。

堀江　そうなんです。だから高く売らないと。

黒木　ああ、その認識ができる人が増えて欲しい！

堀江　いいものを高く売って、高くても買えるお客さんを抱えることが大事ですね。

黒木　肉は食べたらすぐわかりますしね。マグロよりもわかりやすいですよ。

堀江　でもね、まだ肉は評価されていないというか、安いんですよ。マグロって初競りで『すしざんまい』が頑張ってるから。1億9000万円のやつって300キロくらいでしょ。和牛は精肉で450から500キロ。それで一番高くて1000万円くらいですからね。今年の競りはチャンピオン牛で2000万いかないくらいかな。バブルのころに松阪牛が5000万円くらいついたのが最高値じゃないかな。

黒木　5000万円ついたんですか。

堀江　今はもうそんなことないですよ。松阪で2000万から3000万円、神戸で2000万いかないくらい。

「今までにもあった和牛というテーマで今のポジションを3年で築くのはさすが」（黒木）

黒木　僕はね、堀江さんがやっている業態がすごく好きなんですよ。

堀江　なんで？

黒木　新しいから。

堀江　そういうふうにしていかないとダメなんだよ。海外の富裕層は、もっともっといいものを求めてる。だから、黒木さんにももっともっといいものを出してほしい。

黒木　そうですね！

堀江　できると思うし。

黒木　堀江さんが食をやろうと思われたのは、それが理由ですか？

堀江　そう。和牛なら日本人が世界で勝てると思ったからです。

黒木　今、何年目なんですか？

堀江　3年目ですね。

黒木　3年でこのポジションを築くのはすごいですよね。

堀江　2020年は4月に銀座、オリンピックには外苑前にあった『楽記』のあとに出しますよ。ラーメンももうはじめた。

黒木　マジですか。

堀江　和牛のラーメンで、1日1時間限定の営業で、1杯1万円。

黒木　1万円！

堀江　だって、神戸ビーフが300グラムのってるんだよ？

黒木　マジですか！

堀江　1杯1万円のラーメンをだいたい1時間で2回転できる。そうすると多分、

30〜40人なんです。餃子とかサイドメニューもあるんで、40万円くらいは売り上げる。ラーメン屋で1日40万円で25日営業したら1000万円じゃないですか。全然儲かりますよね。1時間だけのほうが混んでるイメージにできるし(笑)。

黒木 そうですね。それって大事ですよ。いやあ、言っても、日本には和牛の店が世の中にこれだけあって、その中で独自の路線で一気に勝ち抜けるんだから、すごいですよね。

堀江 いや、勉強させてもらってますよ。今は作る方より食べる方が有利な時代だから。いろんなところに行って食べられるんだもん。

黒木 僕らもそうですよ。ほかのお店に行ってひらめいたり、パクるしかない。

堀江 これはいいアイディアだな、とか思うこと、気づくことっていっぱいあるじゃないですか。そういうのをどんどん勉強して、吸収していかないと。

黒木 そうですね。それで、AとBとCを組み合わせればオリジナルになりますから。それをまた誰かがパクって。

堀江 料理人だと時間を作るのが大変だと思うけど、いろんなところに行って吸収ですね。ありがとうございました。

株式会社 KUROGI

2007年、「湯島121」をオープンし2010年「くろぎ」に店名変更。2014年、本郷の東京大学内に「廚(くりや)菓子 くろぎ」を開店。2016年には宮崎県シェラトン・グランデ・オーシャンリゾートに「実家くろぎ」をオープン。2017年、芝大門に移転。同年、GINZA SIX内に福寿園とコラボした「くろぎ茶々」を、上野に「廚 otona くろぎ」をオープン。2019年には森永乳業とコラボで「ピノ 焦がしみたらしキャラメル」を期間限定発売した。姉妹店に「アルブルノワールヤクミ」(鎌倉)がある。

株式会社キュウプロジェクト
代表取締役社長

佐藤幸二

vs.

堀江貴文

佐藤幸二　7

…

SATOH
KOJI

1974年生まれ。埼玉県出身。高校卒業後、調理専門学校で和食を学ぶ。卒業後は全日空ホテルに就職し、西洋料理を担当。その後20歳で単身イタリアへ渡り、イタリア各地、ロンドン、バンコクなど6年間を海外で過ごす。帰国後は「リストランテ・ヒロ」を経て、オーストラリアワインバー「アロッサ」で7年間料理長を務める。2010年にポルトガル料理「クリスチアノ」を開店。その後も代々木八幡近隣を主軸に複数の店舗を経営。デザイナーとしても様々なデザインを手がける。

「メディアに出ていいことはない。宣伝にはなるようでなりません」（堀江）

堀江　ここ『**お惣菜と煎餅もんじゃ さとう**』は、冬は二年連続で鍋をやってたんですよね。

佐藤　はい。去年1カ月、今年は2カ月で、計画より早じまい。

堀江　なんではじめたんですか？

佐藤　1年半くらい前にもんじゃがテレビに出て、そのお客さんが一気に増えちゃったんです。テレビって、観たものだけ食べて帰っちゃうから、うちは席数も少ないし、単価が上がらない。じゃあ、いっそ一度やめてみようかと。それで鍋をやったんです。去年は評判がよくて、鍋特集の取材が10件くらいありましたね。「またやってほしい」「お客さん来ますよ」って言われたのを鵜呑みにして12月からやったんですけど、今年は評判が悪いから

『お惣菜と煎餅もんじゃ さとう』
もんじゃの定義を守りながら、その多彩かつ想像外のラインナップで、もんじゃに革命を起こしたといわれる。現存する最も歴史のあるガイド「東京最高のレストラン」史上、はじめて「注目店」に選ばれたもんじゃ店でもある。

堀江 1月で終了です。

佐藤 鍋は、ですよね。そんなに悪いの？

堀江 予約のときに「今はもんじゃはやってないですよ、鍋ですよ」って言っているのに、お客さんってあんまり聞いてなかったり、お友だちに伝えてなかったりするんですよね。で、「もんじゃを食べに来たのに」「鍋なら行かないって言われた」とか当日にキャンセルが出ることもありました。

佐藤 それはなかなか面倒くさいですね。

堀江 心が折れて、早々にもんじゃに戻すことにしました。難しいのは、お客さんを集めるには取材を受けないとって僕は思うんですよね。噂だけで永続的に続けるのは難しいんじゃないかと、心配性だし、断るのも上手じゃないから、選ばずに出てしまう。

佐藤 メディアには出ていいことはないですよ。これが結論。宣伝には、なるようでなりません。

堀江 そうなんですか？　中長期で考えると、出なくちゃいけないんじゃないかという気がして。

堀江 いや、いらない。少なくとも日本のメディアはダメですよ。**僕、この前、ちょっと入院していて**、こんなチャンスなかなかないから、ずっとテレビを観てたんですよ。「ああダメだ、これはバカになる」とつくづく思った。これを観ている人たちに宣伝なんかしたら、ダメだなって。だって、テレビに出たもんじゃ焼きを、ひとつだけ食べて帰るのが迷惑かどうかなんて、ちょっと頭使ったらわかるでしょ。

佐藤 そういう人たちってスタンプラリーみたいにごはんを食べに来るんですよ。スタンプラリーの人たちをどうやってなくすかというのが、今の僕の課題なんです。でも、僕の店の場合って名の知れたシェフの開店とは違うので、メディアの取材も受けなくちゃいけないんじゃないかなって。テレビはほとんどお断りしてるんですけど、雑誌は受けています。こちらが興味を持った雑誌なら、同じような思考で作ってるんじゃないかと思うから。

堀江 弱気じゃないですか。

佐藤 うちが新店を出しても、そんなに話題にならないし、スタミナもない。出資してから立ち上がりまで、やっぱり時間がかかります。業態にもよりま

僕、この前、ちょっと入院していて
へそから腸が飛び出す病気「臍ヘルニア」で緊急入院。この対談は退院の翌日におこなわれた。

すけど、たとえばカレー屋さんで半年ほどはかかりますからね。

堀江 そうなんですね。

佐藤 すごく弱気なんです。だから、やる店やる店で、突拍子もないことをしようとしたりとか。ひと目で振り向いてもらえるようなフレーズの店にしたりとか。

堀江 でも、ここはもんじゃ屋をやりたいと思ってもんじゃ屋にしたんでしょう？

佐藤 いや、違います。僕のお店の作り方としては、物件ありきというところが大きくて、「もんじゃ屋をやりたいから物件を探そう」ってはじめるわけではないんです。

堀江 そうなんですか。

佐藤 妻の惣菜が食べれる総菜屋をやりたいのはありました。この物件は、うなぎの寝床だから、表で総菜屋をやるとして、奥の座敷の部分は必ず余る。で、僕はデザインもやっているんですけど、いろんなお店のロゴを作ったりしていたから、印刷会社にしようかと思ったのがひとつ。街に本屋さんがないので、本屋さんにしようとしたのがひとつ。「うーん、印刷工場にしようかな〜」と思っていたところでいいことを思いついたんです。当時、子どもが2歳だったので、勉強部屋にしよう！って。

堀江 ほほう。

佐藤 渋谷のど真ん中の街中に勉強部屋があったら自慢できるじゃないですか。友だちを連れてきて遊んだっていい。そんなふうに考えていて、「そうだ、そこに鉄板があったら、もんじゃができるかも！」。

堀江 ええ〜(笑)。

佐藤 で、鉄板屋さんに見に行ったら、そのときにもんじゃ屋さんがやりたくなっちゃって、鉄板3枚買ってきちゃって。妻に「ちょっと……もんじゃ屋やっていい？」って言ったら、怒られました。

堀江 怒られるよね(笑)。

佐藤 いまだに「ここは勉強部屋だよね？」って言われるんです。

堀江 そんな感じなんですね(笑)。ポルトガル料理の『クリスチアノ』とかもそうなんですか？

佐藤　あっちはですね、その当時、事業の半分くらいがデザインの仕事をしていたんです。あとはお茶屋さんのコンサルをしていて、そっちのほうが収入がありました。だから、趣味の料理をやってみたいという気持ちで作ったお店です。でも、思っていた以上に従業員が潤わないってことに気づいて。僕自身がうまくいっていても、働いている子たちに落とし込めないとダメですよね。キャリアプランを考えてみると、3店舗くらいはないとみんなに落とし込めないなって気づいて、あと2軒作ることにしたんです。『クリスチアノ』とお菓子の『ナタ・デ・クリスチアノ』と、もう1軒『クリスチアノ』の受け皿的なお店を考えていました。

「お店は全部徒歩圏内。仕入れや物件融通のメリットは確かにあります」（佐藤）

堀江　カレー屋さんもやってますよね。

佐藤　そうですね。**『ポークビンダルー食べる副大統領』**です。

堀江　行ったことないんですよね。

佐藤　平日、1日40食だけですから。結構、いいです。実は最近、**水野仁輔さんがやってる『カレーの学校』**に通いはじめたんです。この前の授業で「パッケージで商品を売るにはどうしたらいいか」っていう話題になり、堀江さんの**「刑務所カレー」**が参考例で出てきたんですよ。すごいインパクトで、買っちゃうよね！って。

堀江　懐かしいなぁ(笑)。

佐藤　どんなものか食べてみたいんですけど、もう販売されてないですよね。

堀江　ないですね。あの頃は和牛の知識もまだなかったけど、あれは飛騨牛を使ってた。

佐藤　そうなんですねー。

堀江　僕がゼロの状態で言ったのは、「じゃがいもが好きだからゴロゴロ入れたい」ってことだけ。

『ポークビンダルー食べる副大統領』
佐藤氏がプロデュースし、こちらもタイ料理に新しい歴史を作った「パッポンキッチン」のあとに昨年オープン。ポークビンダルーはインド・ゴア州の料理なので、店名が「副大統領」。

水野仁輔さんがやってる『カレーの学校』
参加型のワークショップや調理デモンストレーション、試食など、カレー番長として有名になった水野仁輔氏が授業をおこなう。佐藤氏がなぜ参加しているかは謎。

佐藤 充填機を通らないから、あんまりないですよね。

堀江 そう、案の定ブーブー言われて。

佐藤 大きい工場だと、充填機が入らないサイズのものはダメなんですよ。だから、アイスクリームは、ハーゲンダッツ以外は固形物が入っていない。

堀江 そうか。面白いですね。話が逸れたけど、カレーのお店はオーナーが別にいるんですか？

佐藤 そうです。といっても、僕が元々は副社長をやっている会社ですけどね。食肉の輸出入をやっている会社の子会社です。スペインから入れた肉を大手飲食チェーンさんとかに卸しているんです。飲食店をフラッグシップ的に展開したいってことと、お客さんが来たときに肉を食べさせるためにお店を作りたいってことで、頼まれまして、僕が入ってお店を作ったんです。

堀江 そういう感じで作っちゃうんですね。

佐藤 そうなんです。自分はなにをしたいのかな〜って思いながらも作っちゃう。

堀江 でも、みんなこの近く。

佐藤 そうなんです。僕は、なにしろ〝遠く〟でやる自信がないんです。『ナタ・

「刑務所カレー」
2014年に発売された「堀江貴文が刑務所の中で外に出たら食べようと夢想い描いた究極のイノベーションカレー」、略して「刑務所カレー」。飛騨牛、じゃがいもと人参がゴロゴロ、22種のスパイスで1200円。

デ・クリスチアノ』のたまごタルトなんて、事業展開がやりやすいですから、誘われることもあるんです。でも、地方でやるのが嫌、っていうかやる能力がないと思っているので、できない。

堀江　へえ。どうして？

佐藤　リーマンショックのとき、僕は、僕を含めた3人の代表で、都内で13店舗やっている会社にいたんです。売上が激減して、従業員に給料を払うか、業者さんに支払いをするかってくらいに困っちゃって。結局、業者さんは「支払いをしない限り、今後なにも卸さない。1カ月も待たない」ってことだったので、そちらを取らなくちゃならなくなるんですけど、そういう大変なことが起きたときに、都内のいろんなところでやっていたから、1店舗1店舗回るのって大変だなって。

堀江　そうか、トラウマだ。

佐藤　あと、コミュニケーションもちゃんととりたいじゃないですか。うまくいっているときは、「大丈夫ですよ。任せてください」「僕らのことが信用できないんですか」くらいの勢いだったのが、自分たちのところじゃない理由でお客さんが減って、お客さんをどうやって増やしたらいいか、立ち行かなくなったときに、やっぱり、電話じゃなくて会って話さないと心が折れそうになる子って多いんですよ。それで、店を出すのは近所で歩いていけるところだけにしようと決めたんです。

堀江 なるほど、それで**ドミナント戦略**なんですね。

佐藤 そう言い出したわけではないんですけど、取材にいらした方にはそう言われました(笑)。ドミナントっていうわけじゃないけど、近所だけでやるっていうメリットは確かにあるんです。たとえば、倉庫とか借りるの楽だし、便利だし。不動産屋さんも僕のことを知ってるわけだから、先に話をくれますから。

堀江 そうですよね。仕入れは?

佐藤 大田市場から野菜を200キロくらい取っちゃって、それを全店に分配するという専門の人がいます。仲買さんを通さなくてもよくなって、それだけで38%ほど節約できるんですよ。それでお客さんにも価格を下げて提供できる、というのがうちのやり方なんです。

ドミナント戦略
地域を絞って集中的に出店すること。

堀江 結構カタくやってますね。それでも、別会社にも参加してるんだ。

佐藤 そうなんですよ……。それが僕のよくないところなんだろうなぁ。そういう話が来ると引き受けちゃう。

堀江 いいんじゃないですかね。

佐藤 やったことがないことに関しては、引き受けちゃうんです。

「お世話になっている人からいろいろ指摘されちゃって、それが全部妥協しているところだったんです」（佐藤）

堀江 とんかつの『**貴族と平民**』も、その会社ですよね。

佐藤 そうなんです。カツレツ、開店して間もないですが、新しくしたんです。

堀江 なにが新しくなったんですか？

佐藤 肉の産地、部位、パン粉、ソース、バッター液、調味料も。全部ですね。

『貴族と平民』
カツレツ専門店。「貴族」がイベリコ豚で「平民」が白豚。卓上の様々な調味料でオリジナルなソースを作って食べるのも楽しい。

すごくおいしくなってます。

堀江 まだ新しくないですか？

佐藤 開店は2019年の10月です。ほかのお店との兼ね合いもあって、ここは自分の会社でやっているお店と線を引いちゃってたんですよね。僕の中では違うものなので。会社から「この肉を使って」って指定があったり、経験がなくても時給が安い子を使ってほしいと言われても雇ったり。「大丈夫ですよ、僕ならできます！」って調子でやってたんです。それがね、年末になって、お世話になっている方から連絡が来たんですよ。「なんで真面目にやらないの？」って。

堀江 あはは！

佐藤 「周りの人もすごく心配しているよ」って、いろいろ指摘されてしまったんです。それがことごとく、僕が妥協しているところだったので……。

堀江 飲食店の経営って、妥協は絶対ダメですよね。うちの『WAGYUMAFIA』も一緒にやっている浜田が面倒くさいくらい妥協しない。だからいいんだって思いますもん。

佐藤　まあ、それで一生懸命考えてやり直しました。堀江さんのところは、ほかの会社に頼まれたり、事業をやってほしいと言われるようなことはないんですか？

堀江　僕は基本的にコンサルタントとアドバイザーしかしないです。今日もJリーグのアドバイザーとしてチェアマンと会ってました。勝手なことを話してただけですけどね。まあ、いろんなことに幅広く関われるので、楽しいっちゃ楽しいですよ。

佐藤　そうなんだ。

堀江　僕は結構細かいです。たとえば、センスの問題か、こだわりの問題かわからないんですけどね。みんなすぐに手を抜こうとする。たとえば、メニューひとつ取っても、いつもやってることなのに、変なフォントを使ったりね。コラボのときにね、必ずうちのロゴと相手のロゴが入るわけなんですけど、そこで突然変なフォント使ってきたりするんですよ。いい紙使ってるのに！

佐藤　ああ、そういうの、すごくわかります。

堀江　集客するための文言とかも、ちょっとした表現の違いで集客力が大きく変わるわけですよ。そういうところは、僕は細かいですね。

「外国に出店するなら、金持ちよりも優秀で数字に厳しいパートナー」（堀江）

佐藤　うちは従業員を募集するのに、全店舗合わせたら、800万円から1000万円くらいかけています。やっと決まって、僕としては、その子が入ることで売上が100万円増える、増えて欲しいって思いますよね。でも、そのほかの子は、その子に仕事を振るにはどうしたらいいかとか、自分が楽になることをまず考える。ネガティブだし、「店をやっていく」っていう感覚が僕とズレてるんですよね。

堀江　いやいやいや！　それを従業員に求めるのは高度すぎますよ。無理です。

佐藤　そうですか？

堀江　基本的に毎日やることとは、日報を提出する。日報のフォーマットを勝手に変えない。報告すべきことをちゃんと報告する。それだけのことでも、徹底するのがもう難しいです。

佐藤　そうなんですか……。

堀江　たとえば、うちのカツサンド屋さんでは、日報には「今日はＵＡＥから○人お客さんが来た」とか国名まで細かく書いていたのが、突然なくなる。これは、持ち回りで書いているから、突然手を抜く奴が現れるわけです。ひとり抜いたら、もう次から戻ることはない。「国別の報告、前はしてたよね？　なんでなくしちゃったの？」って言われてやっと「あれ？　またはじめます」みたいな。惰性ですよ。経営判断上必要な報告だからやってほしいのに、意味がわかってないからやらなくなる。

佐藤　すごくわかります。

堀江　僕は月次のＰＬを見るんですけど、そこに必要な情報が入ってなかったりね。肉の棚卸がおろそかになりそうになってたときもありました。僕はそういうことはいちいち気になって、毎回言う。でもなかなか直らない。そうやって言ってても時間がもったいないので、自動でやるシステムを作ろうっていう発想になりますよね。自動化して、手間がかからず、あまり考えずに必要最低限の報告を出させるにはどうしたらいいか。多分、さっきの話も「この人を入れたらどれだけ売上が上がるだろう」っていうのは、もう及びもつかない高度な発想ですよ。できる人がいたら、相当得難い人材です。

佐藤 店を持っていてずっとやらなくちゃいけない側と、いつでも別の店に動けるという側で、どれくらいまで距離を詰められるのか、いつも悩んでいるところなんです。そういう話を全部含めて、やっぱり僕は遠い場所に店は持てないなって思います。

堀江 もしも遠くに出したいと思うなら、そこはもう完全にリモートにするしかないですよ。そこには絶対オペレーターが必要なんです。たとえば、うちならジェロっていう人が香港でやってくれてる。

佐藤 それは、どうやって見つけてこられるんですか？

堀江 うーん。僕たちが世界で割と有名になっているので、毎日のようにオファーが来るんですよね。ほとんどを断っている状況です。中には会って話をしてみて、実績、トラックレコードを見る人もいて。ジェロは、コーヒーショップとかバーとか、高級業態だけ20店舗くらいやっている。ショッピングモールの中にある１００席くらいのレストランとかね。で、全店ちゃんと施工させてて、数字にはすごく細かい。結局、それくらいの人たちじゃないとうまくいかないです。そういう人たちが一生懸命やって、初めて成功するんです。

佐藤　なるほど……。

堀江　日本人って、だいたい海外に店を出すときに直営で出そうとする。あるいは、現地のよくわからない金持ちのパートナーと組むか。それじゃうまくいかないですね。クリエイティブに対する細かいこだわりがなかったり、メニューを勝手に変えたりする。映画『ザ・ファウンダー』のレイ・クロックの話はすごく参考になりますよね。マクドナルドって、最初のＦＣ展開に失敗してるんです。でも、そのあと聖書を売りに来たユダヤ人夫婦にやらせたらうまくいった。

佐藤　なんでだろう。

堀江　最初は自分が通っているゴルフクラブのお金持ちメンバーにやらせるんです。でもお金は持ってるけど、メニューは勝手にいじるし、売上は上がらないし。で、全部やめて、真面目な人にお金を貸して始めてもらうほうがずっと意味があるってことに気づくんです。つまり、お金持ちのパートナーよりも、優秀で数字にすごく厳しいオペレーターです。その人がいればリモートでも展開は可能ですよ。

「世界を獲るにはどうしたらいいか考えたら和牛とロケットだった」（堀江）

佐藤　でも、外に展開していくメリットってなんなんですか？

堀江　まあ、僕らの場合は「和牛をブランディングして世界に高く売る」というミッションがあるから、それを達成するためにすべきことをしているので。

だから最初に、どういう気持ちでレストランをオープンされているのかっていうのをうかがったんですよ。

佐藤 なるほど。

堀江 僕個人にもメリットがあるんですよ。シェフって、世界に出れば割と地位が高くて、簡単にセレブとつながれる。国王でも有名なセレブでもダイレクトです。ITやっていたときにはそんなことはかんたんにできなかったけど、食の世界なら、トランプだろうが、エリザベス女王もあとワンステップって感じですよ。

佐藤 ええ！ すごいな。

堀江 それは、僕の別のビジネスにもすごくいい影響がありますからね。

佐藤 逆にそういうことをやっている実業家の方っていらっしゃらなかったですよね。

堀江 いないですね。僕もたまたまです。食べ歩きのアプリを作ったりする流れで。きっかけはなにかなって思うと、**ケイスケマツシマ**かな。たまたま知り合って、「僕も福岡出身なんですよ」ってなれなれしかった(笑)。だけど、

ケイスケマツシマ
松嶋啓介氏。フランスのニース「KEISUKEMATSUSHIMA」オーナーシェフ。東京・神宮前にも同名の店舗を持つ。

佐藤　6年ほど前に、たまたまニースにある彼のレストランに行ったんです。ミシュランの一ツ星を初めて日本人が取ったことで有名になっていて、カダフィー大佐のためにリビアまで料理を作りに行っただの、モナコ国王に招かれてディナーを作っただの、国際映画祭では世界中からやってきたセレブとかタレントに料理を作っただのって、そんな話がゴロゴロ出てくる。で、「じゃあ、俺もケイスケマツシマになれる」って思ったんですよね(笑)。

堀江　確かに、日本に比べてステップを上がるのが早いですね。

料理は好きだし、むしろ俺の方が知識はあるし、おいしいものも俺の方が食ってる。だからできないわけないんですよ。そう思ってたら、今の代表の浜田に再会して、和牛をやらないかって。「ああ、この話に乗ろう」って思った。和牛って日本人しかできないでしょ。有象無象がいる業界で、知れば知るほど「これは外国人は入れないな」って思ったから。つまり日本人がめちゃめちゃ有利だから、スタンスが取れるんです。これは強いというか、ほかにはない。しかも、WAGYUはすでに世界で最高級のブランドになっていましたからね。ただ、日本では、僕が料理を作ることが「なんだよ、ホリエモンの作った料理なんて食いたくねえよ」ってディスブランディングになります。だから日本ではよくないんだけど(笑)、世界に行けば関係ない。いい包丁持って、ちゃんとしたエプロンつけてれば〝シェフ〟。世界中でポップアップをしましたけど、みんな僕のことシェフだと思い込んでますよ。

佐藤 そうなんですか！

堀江 だからね、とにかく、肉をトリミングすることだけはめちゃめちゃうまくなろうと思って、練習してうまくなりましたよ。『すしざんまい』の社長がマグロをさばくみたいに、肉をぐわーっとさばくと、「うおー！」って盛り上がる。

佐藤 へえ〜。

堀江 というビジネスモデルです。目標への近道はなんなのか、っていうのを考えて、僕はやっています。

佐藤 堀江さんはなんで飲食をやっているんだろうって思っていたんですよ。料理人ではないはずなのに、なぜ名のある方が飲食店をやるんだろうって、

堀江　疑問に思っていたんです。世界を獲るにはどうしたらいいか、っていうチャレンジですよ。それを考えたら、和牛とロケットだった。まあ、それ以外にも医療とかいろいろ唾はつけてますけどね。

佐藤　医療？

堀江　主に再生医療、サプリ、予防医療の普及ですね。お医者さんも何十人か入ってくれて活動としてはすごくいいんですけどね。自分がやらないとできないことで、世界に影響が与えられそうなことっていうのが料理だった。日本人は気づいていないけど、シェフの地位は全然違うから。日本ではずいぶん低いですよね。

佐藤　そうですね。

堀江　世界と日本のギャップがあるわけなんですけど、僕としてはそれが逆に利用できる。ケイスケマツシマがやっていて、「ええっ、国王と本当に会えるの？」って思っていたけど、実際に会えたし。それも2、3年でですよ。そんな経緯ですよ。

「僕は、死ぬほど頑張って無理やり成功させるっていう人生なんです」（堀江）

佐藤 確かに和牛も順調ですもんね。

堀江 いや、最初は全然売れなかったですよ。

佐藤 そうなんですか？

堀江 カツサンド屋さんは3～4カ月かかりました。

佐藤 えー！

堀江 そうですよ。いちばん安いのが1000円、いちばん高いのが2万円。

佐藤 それって、メディアには出ましたか？

堀江 全然出てないです。

佐藤 へえ～。

堀江 一切出てません。僕らがやってるインスタグラムだけ。売れるようになったのは、インスタのタグ付けですね。自分たちじゃなくて、ほかの人の。日本を訪れる外国人が「2万円のカツサンドがあったらどう思うか」「面白がって食うんじゃね？」っていう仮説を立てた。神戸ビーフのシャトーブリアンを使ったカツサンドって、2万円でもそんなに高いわけじゃない。原価率40％ですから。利益の絶対額は高いんですけど、利益率はほかの飲食と変わらないし、むしろ高い。粉モンに比べれば、全然。で、「やっぱ入んないね」なんて言いながら、僕らは差し入れとかに使うという。

佐藤　はじめる前は、すぐに流行ると思ってましたか？

堀江　思っていないです。だから僕、最初はその店にお金出してない。

佐藤　なるほど。

堀江　コンセプトは提供してますけどね。「やりたかったらコレやれば」って。1年くらいで人気が出てきて、余裕のある訪日外国人が「こんなの食ったよ～」「1箱2万円のカツサンドを食ったぜ！」ってインスタにタグ付けして、その友だちが来て……みたいな感じ。たしかに、日本に来るまあまあの富裕層が取る行動を見ていると「世界一高いカツサンド食べた」って自慢されたら、「俺も食べる」ってなりますよね。それがすごくうまく回りはじめました。

佐藤 事業をやるとき、何割くらいの確率でうまくいくか、堀江さんにはわかるもんですか？

堀江 僕は、〝死ぬほど頑張って無理やり成功させる〟っていう人生なんですよね。今やってるTERIYAKIってアプリが最初は大赤字で。死ぬ気で頑張って黒字化させましたよ。売上は1億弱くらいの会社だけど、しっかりやれているいい会社になった。10億、100億はまだ難しいけど、危機的な状況は乗り切りました。

僕は、そもそも、500万とか600万くらいの投資で会社を作るのが好きなんです。どうにもなんない場合は休眠させて、別の事業を立ち上げて赤字を埋めるっていうことはあるけど、基本的には頑張る。

佐藤 その〝どうにもなんないかも〟っていうタイミングはどう考えてるんですか？

堀江 僕が主導で、しかも単独でやっていれば、成功するまでやります。

佐藤 それは性格的にってことですか？

堀江 うーん、性格的にというよりは、自分の労力がそんなに取れられるわけじゃない仕組みにしているので。

佐藤 まあ、でも、プラン的には間違いがないからってことですよね。

堀江 どんな事業であっても、無理やり自分の人脈をフル活用して「お願いします！」ってお願いをすると、助けてくれますよ。お店なら、どうせみんなメシは食うわけだから、知り合いに来てくれってお願いすれば来てくれますよね。逆に知り合いにしか言わない。本を読んでくれてる人とかには、言わない(笑)。

たとえば、僕は年末にミュージカルをやるんですよ。和牛のフルコースが出るんです。14公演で８０００万規模なんですけど、２０１８年に初めてやったときは赤字。２０１９年は黒字になって、前年の赤も取り返した。

佐藤 どうやって売ったんですか？

堀江 無理やり売った(笑)。「え、来ないんですか？　来るでしょ〜？」って。

佐藤 パー券じゃないですか！

堀江　そうそう、パー券ですよ。結局、つまるところはパー券。スモールビジネスなら、パー券でいけます。何百、何千店舗なんていったら無理だけど、数店なら全然いける。

佐藤　そうですよね。自分でパー券をばらまける程度の大きさでやればいいんだ。

堀江　そうそう、それなら絶対できる。なのに、やらないんですよね。ダメな人ほどやらない。友だち呼べばいいじゃん、家族を呼べばいいじゃん、なんなら自分で食えばいいじゃん！　でも、できない。僕はそんな感じですよ。立ち上げて3カ月とかは全然お客さんが来ないのだから、だったら誰かと会食するときに使えばいいでしょ。別に僕的にはマイナスじゃないし、なんならプラマイゼロですから。そうやってやっていると、だんだん回り出すんですよね。カツサンドなら、よく差し入れとかするので、「差し入れは全部うちのカツサンド」って決めればよろこばれるし、かんたんだし。

佐藤　え、2万円のカツサンドを差し入れに！

堀江　全然ありますよ。舞台の差し入れなんかには5万円くらい使っていたので、じゃあ自分の店で買ってやる！っていうだけです。そんなことをやっていたら、インスタで回り出したから、やらなくてもよくなりました。僕がやっているのは、インスタのリポストだけ。そんなの1日30秒くらいでしょ。それをポチポチやってるだけ。でも、それもやらない人がいるんだよな～。

佐藤 うーん。

堀江 やっぱり、デキる経営者って……たとえば、香港パートナーのジェロとかは、そういうのをすごく真面目にやりますよ。ちゃんと、しつこくやる。自分の中に染みついてるんでしょうね。苦でもなんでもなくて、自動的にやっちゃってる。うまくいく人って、しつこさが違いますよね。ちなみに僕も超しつこい。うまくいくまでしつこいです。

「スタッフが実家に帰るとお土産を買ってきてくれるようになったんです！」（佐藤）

佐藤 いや、すごいなぁ。5年くらいやっている『マル・デ・クリスチアノ』っていう魚料理のお店があるんですけど、そこをリニューアルしたんです。全面的に、価格から全部。そういうの初めてだったんですけどね。

堀江 全部変えたんですか？

佐藤 もともと2号店で、『クリスチアノ』の受け皿としてしかやるつもりなかった。やろうかな〜っていうタイミングで、「自国で獲った魚を食べる文化を広めよう」っていう活動をしている方と出会ったんです。「魚箱で4キロに満たない魚は処分」とか、そういうのをレストランで使えないかっていう事業なんですけどね。僕も、もっと魚を使って貢献できればいいなと思って、そこを魚料理のお店にしたんです。ポルトガル料理なんですけど、〝魚の骨〟を食べて欲しかったんですよ。ちゅぱちゅぱするのおいしいじゃないですか。でも、その未利用魚っていうのが、骨の形が複雑だったり、いろんな理由で難しくて、忠実に使おうとするとお客さんがつかないんですよ。

堀江 あはは。

佐藤 それで5年間悩んで。そのへんのお店と比べても悪くないと思うんですけど、だんだん店をやっている必要性が感じられなくなってきまして。去年、スタッフに「お店をたたむか、まったく違うアプローチでやり直したい」って言って、話し合って、リニューアルをしました。

堀江　どう変えたんですか？

佐藤　価格は以前の7、8割。つまり1号店の7、8割になります。メニュー自体は基本的に普通の魚は使いません。ポルトガルでよく使う干しだらのバカリャウみたいに、30種類くらいの魚を1カ月かけて熟成してるんです。ポルトガルって、バカリャウ料理だけで500種類はあるんで、それを半年間くらい勉強し直しました。で、スタッフ用にレシピを全部起こしたんです。

堀江　魚は全部バカリャウ？

佐藤　そうです。全部干し魚。それまではフレッシュな魚だけを使っていたけど、鮮魚はどんどん送料が高くなって、食材を仕入れるのにお金がかかってしまう。鮮度も落ちる。小さくて弱い飲食店って世の中にたくさんあるんですけど、そういう店があるから飲食店って面白いわけじゃないですか。そういう店が魚をとろうとしても、高くてなかなかいいものが買えない。うちもそこに入ってきてるなと思ったんですよ。干し魚は鮮度はどうでもいいし、干したら6カ月くらいは持つ。それをいいタイミングで戻して調理するっていうふうに変えました。

堀江 なるほどね。

佐藤 僕はリニューアルすることが恥ずかしかったんですよ。だって、はじめに「このコンセプトでいけば絶対成功するはず」って思っていたわけですから。それを曲げてしまった、という恥ずかしさがあった。

堀江 へえ。

佐藤 ところが、今は、そこのスタッフたちが意欲的にやるようになったんです。アルバイトの子たちまでやる気が出てる。僕がいちばん驚いて、うれしかったのが、スタッフの子たちが、実家に帰ったときにお土産を買ってくるようになったんです。そういうことってそれまでなくて、店にも、スタッフ同士も、特別な気持ちは抱いてなかったと思います。それが、今はお土産を買ってきて、「これどうぞ」って。おまんじゅうとかビスケットとか、僕はそれがすごくうれしいんです。なにかがみんなの気持ち的に変わったんじゃないかな。

堀江 いいじゃないですか。

佐藤 すごくいいんですよ！

堀江 僕がさっき「しつこくやる」って言ったのは、そういうことなんですよ。同じことをしつこくやるんじゃなくて、成功するまでやり方を変えて、しつこくやる。

佐藤 その都度変えるわけですよね。

堀江 そうです。僕はお店をリニューアルしたことはないけど、コンセプトを変えるとかは全然ありだと思う。マイナーチェンジなんてもちろんあり。従業員のモチベーションにかかわるならなおのこと。

佐藤 リクルートの方に聞いたんですけど、人材募集の応募自体は1年前と変わらないんですって。ただ、採用したいと考えている企業は140～150％に増えている。採用に結びついているところは1、2カ月の賞与がついているところと、キャリアプランがしっかりしているところ。特に賞与が大事で、給与が低くても賞与がもらえて、お休みがちゃんと取れるところが人気らしいです。それと、「独立歓迎」は応募しないって言ってました。独立したい人がすごく減っているみたいですね。料理の専門誌の方も、毎年やっていた「独立を応援する」っていう特集がまったく売れなくなったので、独立したい人は減ってきているんじゃないかって。

堀江　それはね、飲食店を経営してうまくいかないっていうのが知れ渡っちゃっているのが大きいし、実際うまくいかない場合も多いし。なにしろ、料理は学んでいても経営を学んでないですからね。僕、この前函館の**『レストラン バスク』のシェフ**と対談したんですよ。サンセバスチャンの今の隆盛を作ったひとりと言われているすごい人なんです。フランスに修業に行ったら断られまくって、サンセバスチャンに流れ着いたという。

佐藤　へ～、そんな人がいるんですか。

堀江　40～50年前にサンセバスチャンでシェフたちみんなでレシピを共有して、マドリードだけじゃなくてサンセバスチャンにわざわざ来てくれるような店を作ろうぜ！って頑張り続けて、今の状態までになったって。その人が

『レストラン バスク』のシェフ
深谷宏治オーナーシェフ。年2回、1日限定で開かれるグルメイベント「函館西部地区バル街」を立ち上げたり、1年半に一度、世界の有名シェフも参加する「世界料理学会 in hakodate」を開催したりと、大活躍している。

帰ってきて、函館で35年前からバスク料理屋をやっている。面白い人なんですよ。いくら東京でやれると言われても、ずっと函館にいる。

堀江 知らなかった。

佐藤 それで、その方が年下の料理人に教えているのは料理じゃなくて経営。PSとPLの見方から教えないと、やっていけないからって。レジの金持って「飲みに行くぜ」じゃ、当然立ちゆかなくなりますから。在庫管理、日次のPL、すごく大事です。

堀江 そういうことを教えるセミナーも増えていると聞きました。で、セミナーに行かせてもらえるお店を選ぶ人もいる。

佐藤 ただね、つまるところ、接客業ですから。極論は、料理はできないとしても〝お客さんをよろこばせる〟っていうスキルさえあればいい。よろこばせ方にもいろいろありますよね。うちなら「行ってらっしゃい！」とか言うのは、空気読んだら周りも言わなくちゃならないし、客もそれを望んでるし、宗教チックに見えるかもしれないけど記念になるとか。僕は好きじゃないけど、肉寿司に金粉をぶわっとかけるみたいなのも……。

佐藤 えー、上から金粉を？

堀江 そうです。

佐藤 無駄が多くないですか（笑）？　周りに落ちたらどうするんだろう。

堀江 それは捨てますよ。中国人とかめっちゃよろこびます。

佐藤 へ〜〜！

堀江 っていうのをね、この前の香港でのポップアップでやったんですよ。それがわかって、ＬＩＮＥで全社共有して、もう昨日からやってる。「これでよろこぶんだな」ってなったら、すぐ共有ですよ。日報に「和牛のラザニアがめちゃくちゃウケた」ってあったら、「うちもやります！」。お客さんもよろこぶし、そういうことがスタッフにとってもモチベーションになるわけです。

佐藤 すごいなぁ。

堀江 余った肉とかウニとかキャビアとかのせたばらちらしみたいな料理も、トリュフがあったら最後にうわ〜っと削ったりしてね。外国人、大喜び。で、すぐ共有。まあ、そういう〝いかにお客さんをよろこばせるか〟っていうのが、最後に効いてくる。だったら、細かいレシピとか手の込んだことをやる必要があるのか？っていうことにもなるけど。

佐藤 そうですね。そっちはGoogleで調べればいいかも。

堀江 そう、技術的なことはGoogleとYouTubeでいい。あとは食材はいいものを仕入れる。そこにエンターテイメントがついているかどうかなんです。もしかしたら、『セブン-イレブン』の横で「うちのメニューは全部セブンです！」みたいな居酒屋があっても、楽しませられればＯＫなんです。

株式会社キュウプロジェクト

2010年、代々木八幡にポルトガル料理店「クリスチアノ」をオープン。その後同じく代々木八幡エリアに、エッグタルトの店「ナタ・デ・クリスチアノ」、魚料理「マル・デ・クリスチアノ」、もんじゃの革命といわれた「おそうざいと煎餅もんじゃさとう」を出店。他に渋谷「ポークビンダルー食べる副大統領」代々木八幡「貴族と平民」などをプロデュース。また、スパゲティの缶詰、離乳食の缶詰といった新規商品も開発している。

株式会社立川マシマシ
代表取締役社長

大川弘一

vs.

堀江貴文

大川弘一

8

…

OKAWA KOICHI

1970年生まれ、埼玉県出身。慶応義塾大学商学部を中退後、酒販コンサルチェーンKLCで学び95年に独立。1997年にメルマガ配信事業の株式会社まぐまぐを設立。1999年には子会社を日本最短記録（364日）でナスダックに上場。2013年に代表職を退く。2014年、株式会社立川マシマシを創業。

「美味しくてラクなお店を作りたい」（大川）

大木 さて、お二人はかなりおつき合いが長いとうかがってますが、どれくらいなんでしょう？

堀江 長いよね。

大川 うん。んーと、もう27年？　お互い会社作る前から。

堀江 逆に近すぎてお互い知りすぎちゃってるとこもあるので、今回は**大木**さんも入ってもらえません？

大川 確かに。それはたすかる。

大木 （笑）。承知しました。それにしても長いですね。そしてそれぞれにＩＴの道に進まれて、大川さんはクックパッドの創業に関わったり『**まぐまぐ**』を運営なさったりしてたわけですが、『クックパッド』の頃から食に関する興味を強く持ってらっしゃったということですか？

大木
本書担当編集者。テリヤキストでもある。「東京最高のレストラン」編集長。

『まぐまぐ』
日本最大級のメルマガ配信会社。堀江氏の有料メルマガ「堀江貴文のブログでは言えない話」も配信。

大川 いや、クックパッドに関しては**佐野**のほうが食に強い想いを持ってました。僕はどちらかというと収益の上げ方を提案してた株主の立ち位置だったので、食についてアレコレ言ったことはありません。

堀江 佐野ねー。

大川 ナハハハハ。

堀江 **有限会社コイン**。

大川 なにもかもみな懐かしい。

大木 すると食について興味を持ち始めたのはどんなきっかけですか？

大川 んー。自分の会社の上場後にいろんなお食事会に誘われることが増えたりして、その都度、窮屈な思いをしてたんです。大して旨くないのにおいしいって言わなきゃいけない雰囲気とか、料理出てきたあとに長々と説明を聞かされる感じとか。

堀江 あるあるだね。

大川 でしょ。で、結局そういうものの反動で、自分で好きに選べるときは渋谷のオフィスから板橋とか十条まで行ったりして、自由を満喫してました。

佐野
佐野陽光氏。クックパッド創業者。

有限会社コイン
1997年に佐野氏が創業。クックパッドの前身。

大木　わざわざ。

大川　はい。渋谷だと**『ハウスアオヤマ』**とか『フレンズ』が好きだったんですが、いつもそこばっかり行ってるわけにもいかないし、相席が苦手で。で、ちょうど首都高も新しく開通した頃だったんでよく板橋の『洋庖丁』とか行ってましたね。

大木　板橋まで！

大川　はい。今なんか特にそうですけど、東京の都心部って〝なんでもあるけどなんにもない〟って状態がギチギチに詰まってるように思うんです。坪効率の考え方が過度に進んじゃってて。

堀江　あー。それはあるかも。

大川　たとえば、僕らはＩＴからスタートして上場して、その途中で一般株主との関係をどう作っていくか、つまりどう株価を上げるかという点について走りながら学ぶ機会があったんですが、結局のところ、前年以上の利益を出すのがいちばん歓迎されるんです。で、利益を出すためにはどうしたらいいかというと、飲食店だったらお店を増やしながら経費を削るのが一番

『ハウスアオヤマ』
1985年から桜丘町にあったカジュアルイタリアン。2017年、惜しまれつつ閉店。

ラク。

堀江 そうね。

大川 一番簡単なのは人件費、つぎに食材。ここをギリギリまで削ることで表面的にはうまく回っているお店が作れるので、本来厚さ3ミリのほうがおいしい豚バラとかも1ミリのものを使ったり、安い国のお肉を使ったりするようになるんです。

堀江 見た目変わらないし。

大川 そうなんよ。上から写真撮ったらほぼわかんないし、お客さんも厚みとか重さよりも枚数気にする人が多かったりするから、極限までセコく節約してくる。その結果、利益は積み上がってチェーン店の株主はよろこぶんだけど、半端な食材を立地のよさで売る方針が主流だから味が悪い。しかも、節約の手法はどんどん洗練されてって現場の仕事もガチガチに管理されてるから、普段食えるおいしい店が、ものすごい勢いでなくなってるんです。

堀江 でもさ、そこそこおいしけりゃいいんじゃない？　例えば最近の冷凍技術ってすごいもんあるよ。パンとか全然わかんないもん。冷凍してあるパンとかマジ旨いから。あれの違いわかるって人いたら、俺、ウソだと思う。

大川　うん。パンはそうだね。

堀江　ロケットの打ち上げをやっている、北海道の大樹町にもパン屋さんが1軒だけあるんだけど、うちの店で仕入れようと思って交渉しに行かせたの。そうしたら、「うちは好きなときに開けてるんで」みたいな。それが、大しておいしくもないのよ。この人たち超やる気ないな、みたいな。やる気がないから田舎にいるわけで。やる気があったら東京とか行きたいじゃないですか。まあだから、逆にちょっとやる気がある人が飲食店をやると、割とうまくいく。

「完全に1人でできる〝パック焼肉〟。肉DJだけおいて盛り上げるのいいと思わない？」（堀江）

堀江　でね、パン屋さんの近所に『だいじゅ園』って焼肉屋さんがあるんですけど、肉屋さんがやってる焼肉屋さんで、こっちはめっちゃ人気なの(笑)。タレ焼肉のお店なんですけど、毎日満員で予約取れないくらい。焼肉屋さんもありだな、とか思っちゃう。

大川　それは大樹町にもう1軒作るってこと(笑)?

堀江　焼肉屋も考えたんですよ。パック焼肉の店を。

大川　西山(知義)さんと話してよ、それは(笑)。

堀江　西山さんにも話したんですよ。どうせ焼肉屋の厨房なんて、パックから出して並べてるだけじゃないですか。

大川　カットもしてるっしょ。

堀江　カットもしてるところもあるけど、『牛角』のイノベーションって手でカットしないことなんで。カットってやっぱり難しいんですよ。スキルが必要。肉の筋に沿って切らないとまずくなる。あれができる人は少ないと思いますよ。そうするとやっぱり、人件費が高くなっちゃう。だから、チェーン店は、工場で切ってパックしたやつを並べてるだけなんです。そこで、バイトテロリスクとか食中毒リスクとか回避できるから。それでユッケがダメになっちゃったじゃないですか。だから、今は焼肉屋でユッケはパックで出てくるんですよ。HACCPとか取ってる工場で詰めたパックを、セルフで開けて食べる。

大川　へーーーーー。

堀江　それができるんだったら、肉も全部パックでいいじゃん、って。『成城石井』の高級生ハムみたいなパックに入れて、今伸びてる若手のアーティストにハラミとかタンの絵を描いてもらったらかわいい。それをコンビニの冷蔵庫みたいなところにずらっと並べて置いて、調味料は、タレとかトリュフ塩とか、そういうのも全部コンビニのみたいなやつをその辺にダーッと置いておいて「ご自由にお取りください」にするの。で、ドリンクは全部缶で。厨房はもういらないし、レジは電子決済だけにすれば、スタッフが1人も要らないじゃないですか。料理をする人もいらないし、焼くのはセルフだし、ドリンクも運ばなくていい。オーダーもタッチパネルからにすれば、取らなくていいわけですよ。で、肉ＤＪだけを置いて盛り上げる、っ

HACCP
「Hazard（危害）」「Analysis（分析）」「Critical（重要）」「Control（管理）」「Point（点）」という言葉の略語で、食品を安全に管理する衛生管理手法のこと。

ていう。

大木　肉ＤＪ（笑）。

堀江　「ハラミ入りました〜！」とか。つまりは、それって僕が行きたい店なわけですよ。

大川　そうなのね。

堀江　だって『**安楽亭**』の決算情報を見てると、人件費が32％くらいかかってるんですよ。つまり、僕がさっき言ってた、厨房で肉を並べてるバイトとかオーダーを取ってるバイトとか、レジを打ってる店長とか、そういう人たちの人件費が積もり積もって32ですよ。これはもっと減らせるよね。そういうことを考えるのが面白いんです。そしたら、肉の質も上げられますからね。全部和牛にしてやっても、安楽亭と客単価は同じくらいでできると思いますよ。

で、これも西山さんに言われて、なるほどなと思ったんですけど、『しゃぶしゃぶ温野菜』ってあるじゃないですか。温野菜がヒットするまでに10年かかったって言ってましたからね。「なんでですか？」って聞いたら、

安楽亭
東証２部上場の大手焼肉チェーン。

しゃぶしゃぶって外で食わないんですよ。要は日曜日に家族全員でごはんを食べに行きます、ってときに選ばれるのは定番だけで、寿司とか焼肉になっちゃうんですよね。そこにしゃぶしゃぶという選択はないんです。そんなのを食べるのは港区住民だけなんです。

「盛りつけのチェックとかはお客さんがあげてくれたtwitterの画像に助けてもらってます」(大川)

大川　たかぽんの発想はクラウド的で、ビジネス寄りなんですよ。どうしても僕はそっちに行かないんですよねー。

大木　その流れから、なんでまた、いわゆるラーメンのような厳しい世界に参入したんですか?

大川　参入というか、知人を手伝うことになって、そのままの流れで来てるので、

大木　もしその知人がそばだったらそばをやってたかもしれませんね。ってことは特にラーメンにこだわりがあったというわけではないんですね。

大川　はい。ラーメンというよりも、１０００円前後で食べられるちゃんとしたものを自分でもずっと探してましたから、近所にあったら自分でも毎日行っちゃうような店を作ってます。お店の内容も、結構自由においしいものを作れるので、ラーメン比率はもう50％ちょいくらいなんじゃないかな。もう「マシライス」がメインの商品になりつつあります。

堀江　いやー、マシライスね。すごいよね。めちゃくちゃ旨いですよアレは。僕はなんか、結局……ガストロノミーとかいまは創作料理系のやつがもてはやされてますけど、たぶん一部の人たちを除いて飽きられると思うんですよね。やっぱりみんな定番に戻ってくるから。そのときの〝定番〟って、ストリートフードのことだと思うんですよ。飲食ってそういうところに回帰してくるっていうか。そういう風に僕は思っているけど。

あともうひとつは、なにかしらお客さんに引っ掛かりを持たせること。料理そのものっていうのではなく、それ以外のところでいかに引っ掛かりを作るか、という。そこのところが結構ポイントなのかな、と思っていて。で、それがなにかっていうとコミュニケーションだと思うんです。それはソーシャルを含めた。っていうのを、期せずして大川さんが飲食店をはじめ、俺も飲食店をはじめ、そういう時代になってるな、という。

大川　そうね。

大木　大川さんは、それを楽しみながらやってらっしゃるわけですよね。

大川　心底楽しんでやってます。

大木　経営とか戦略とかではなく。

大川　全然。まあ、楽しんでやりつつもコストは節約してます。スーパーバイザーはいないし、クオリティコントロールみたいな本部からの管理もないし、お客さんが毎日たくさんtwitterに写真を上げてくれるので、各店舗の盛り付けの具合を拝見させてもらってます。きれいな盛り付けのお店を褒める目的で。

大木　なるほど！

堀江　それはね、うちでもやってますよ。だって、すぐわかるから。スタッフの

facebookグループとかLINEグループがあって。そこに速攻フィードバックする。毎日フィードバック。

大川 そうそう、同じです。

堀江 カツサンドのカットがちょっと……セクシーじゃない、とか。

大川 見た目はすごい大事だもんね。

堀江 今はもう、ネットで検索して行けるから、店なんて実はどこにあってもいいんですよね。どこにあっても来るんですよ。だからこそ、俺、北海道の大樹町っていう5000人の街に**作ってみたの**。そしたら、来るの。田舎はいいよ〜。

大川 客単価はどれくらいなの?

堀江 今は2000〜3000円。で、使うものは全部お取り寄せにしたの。俺、つくづく思ったんだけど、とにかく料理させちゃだめだね。

大川 そこがね、ちょっと僕とスタンスが違うところなんですけど(笑)。

堀江 俺、料理できないやつを採ってるもん。どちらかというとコミュニケーションの方が大事だから。コミュニケーションスキルが高いヤツだけを採る

作ってみたの。
「蝦夷マルシェ」。

っていう。俺、これは『ライザップ』に学んだんだよね。ライザップのトレーナーって、コミュニケーションスキルだけで採用されてるのよ。なんか、すごいいい人なの、みんな。その人に、筋トレのやり方を教えてるの。筋トレのやり方はスキルなんで、誰でもドリルをやればできる。だけど、コミュニケーションスキルのドリルはないんだよ。生まれ持ったものが重要だから。これはなかなか作れないな、というか、トレーニングするのが面倒くさいな、って思った。だから、実は『WAGYUMAFIA』のメニューとかって誰でも作れるメニューしかないんですよ。

大川 言い切った(笑)。

堀江 あのね、特にやらせちゃいけないことは、〝煮る〟だね。煮るのって塩梅がすごい大事。焼くのは、「160℃で何分オーブンに入れる」とか、全部タイマーでできるし、揚げるのも「180℃の油で3分」とか、分かりやすいから、誰でもできるんですよ。ところが、煮るのは味のブレが出る。〝焼く〟〝揚げる〟〝レンチンする〟は、全部定量化できるから。

大川 たしかに煮るのは難しいね。素材の水分量でも変わる。

堀江　そうそう。『吉野家』なんて大変だと思いますよ。しかも、穴のついたお玉で上げるじゃないですか。あれで全部をコントロールしてるんですよ。つゆだくとかも。「つゆだくにするとき、どうするんですか？」って聞いたら、ガシャッと鍋から大盛にしてつゆだけたらしてるんですよ。前に、「俺の吉野家」っていうメニューをやってくれって言われて。キャンペーンでやらせてもらったことがあって、日本一のトレーナーに聞いたんですけどね。まあ、とにかく〝煮る〟を教えるのは大変です。やめたほうがいい。

「セコイ食材を使いながら広告すると黒字のダメ店が出来上がる」（大川）

大木　ところで『立川マシマシ』名物のマシライスですが。

大川　はい。

大木　どんなものですか？

大川　こんな感じです(写真を見せる)。

大木　おー！　これはキーマカレーみたいなものですか？

大川　いえ、背脂とひき肉が入ってます。コシヒカリにめっちゃ合うんです。

堀江　豆腐もあるよね。

大川　そう。立川マシマシは全メニューでライスを豆腐に変更できるんです。

大木　それいいですねぇ！　追加料金とかは？

大川　ないですよ。自分がうれしく使える店を作るのが目的なので、ちょこちょこ追加料金を取ったりもないし、お米もコシヒカリだし、全店で高級炊飯器使ってます。

大木　そこまでやって利益は出せるんですか？

大川　利益が出るかどうか心配しながらお店を作ると、先に節約しちゃうんです。で、先に節約しちゃってる店って、お店に来たお客さんがSNSで広めたくならないんです。珍しくないし、グッドニュースじゃない。グッドニュースなら広める意味があるんです。世の中のためになるし、発見の喜びもあるし、情報発信者の自尊心も満たされる。

堀江 そうそう。

大川 たとえば、セコい食材を使うという行為は、お店に対して係数が０．９７だと考えてます。お店の価値がスタート時に1万あったとして、係数が０．９7だと、ひと月後には９７００になっちゃうんです。酷い食材とか感じ悪い店員さんを使うっていうのはそういうマイナスの係数が毎月かかっていくんです。そうやってマイナス方向の力がかかって９７００になっちゃうと、売上自体も９７００になっちゃうから。減ってくると焦って広告に頼るようになるんです。広告して1万に戻そうとする。

でも、常に１．０未満の係数がかかるということは、徐々に0に近づいてるんですよ。そんな感じで舟に穴が開いたまま水を掻き出してるお店がすごい多い。先に１．０４とか１．０７の食材をちゃんと使って、ちゃんとにこやかに挨拶するほうがずっと大事なのに。

大木 それにみんな気づいてない？

大川 そこはね、素人でお店をはじめる人の方が飲食関係の本を読んで勉強しちゃうから、半端にコスト意識だけ高くなっちゃうんです。とにかく潰れるのが怖くなる。その結果、まだお店もはじめてないのに安易に〝奪おう〟とする店になる。地域に価値を〝与えられるか〟じゃなくて、どうやって手元のお金を減らさないようにしようか。という考え方になるんです。

で、いつの間にか、自分が勝手に始めたお店の経費を地域に押し付けるお店になっちゃって、「この経費を100人で割ったら……ああ、なんとか続けていけるかも……」みたいな店ができ上がるんです。

そんな店に0.97、下手したら0.94くらいの食材がバンバン投入されていったら、そりゃあお店の引力はどんどん低くなっていきますよね。

大木 チェーン店の場合もそういう傾向が見られますか？

大川 チェーン店の場合は、もうちょっと強いですけどね。セントラルキッチン使ってるから、食材コストがバカみたいに安いってのはあるし、立地もいいのでボロが出にくい。どちらかというと開業のタイミングではちょっと勉強しちゃった個人がそういう状況に陥っています。

「企業が考えた口コミは目が笑ってない」（大川）

大木 その状況に陥るともう広告をしても無駄ということになるんでしょうか。

大川 んー、飲食店に限って言えば「広告」ってもう終わってるよね。

堀江 そう。それはマジでそう思う。

大木 口コミじゃなきゃダメなんですか？

堀江 ていうか、口コミって呼び方ももう終わってると思う。SNSってもっと違う広がり方を持ってますよ。

大川 そうそう。たとえば口コミを喚起しようとする行動ってもう口コミじゃないんです。んー、もっと言えば、個人の感動の閾値を超えてきた情報には熱があって、企業が仕掛ける〝口コミ〟なんかが滑稽に見えてしまうくらいの良さがある。その躍動感の、表面的な部分だけを真似して口コミっぽ

大木　くやる企業もありますが、最後の最後でどうしても目が笑ってない感じが見え隠れしちゃうのでサムイんです。なるほど。そういえば大川さんはＳＮＳを有効に活用なさってると伺ってます。

堀江　いやー、すごいですよ。有効に活用っつーか、好きでやってるよね？

大川　そうね。活用というよりも、ほぼ会話です。常連さんとか食べてくれた方との会話で全部僕が担当してるんですが、実際に対話するときにはゴチブタちゃんというキャラクターが憑依しているので自動書記みたいになってますね。

大木　自動書記？

大川　一番簡単なところでいうと、食べたあとのお客さんは「おいしかった！」って思ってもなかなかお店では言いにくいじゃないですか。だけど言ってくれるとうれしいし、それに対してこちらからも「アリガﾞト!・🐷」って言いたい。その機会をオンラインで作って、写真をあげてくれてる方とかSwarmでチェックインしている方とおしゃべりをしてるんです。

Swarm
行った場所を記録したり、twitterに投稿できるアプリ。

で、ここからがおそらくいちばん大事なところだと思うんですが、自分たちが作ったものをお客さんとの間に置いて面と向かって説明するのが、従来の広告手法だと思うんです。営業みたいな説得スタイル。で、僕らがいま意識してるのは、自分も最高に好きになれる商品を作って、それを目の前に置いて、お客さんとは横に並んで「これいいよねぇ〜」って言ってるイメージなんです。だから単に会話としてほんとに楽しい。

大木 なるほど。でもお店としたら利益率が高い新商品とか、力を入れて販売したい商品ってありますよね。そういう場合はどうするんですか？

大川 正確な情報という範囲では伝えますが、必要以上に自画自賛はしませんね。というか、そもそも自画自賛系って相手の都合やコンディションを無視したプロモーションだと思ってるので、僕自身とても苦手です。あと自画自賛系PRする人がみんなめっちゃハマってる落とし穴だと思うんですが、世の中に自店以外のお店が存在しないみたいな書き方しますよね。もうほぼ99％のお店が、自分の店の話しかしないじゃないですか。これ、現実とかけ離れてるというか、お客さんサイドから見たら選択肢ありまくりなんですから、どんなに元気よく書いたところで正確な情報を出さない痛い人に見られてしまうんです。

大木 なるほど。

大川 正確な情報を提供してくれない人ってのは、今の時代最もアテにならない人なので、その人が「おいしい！」だの「特別！」だの言っててもぜんぜん説得力がないんです。つまり従来だと一般的な広告手法なのに、情報提供者としての階級がどんどん低くなる。昔は王道と呼ばれていた手法が鼻で笑われる行為になってきてるように思います。

で、その一方で僕らが何をしているかというと、近所のおいしい店とか、「都内で一番おいしい天下一品はどこか」とか、そういう会話をお客さんとして、教えてもらったらすぐ次の日に行くとかやってます。

大木 教えてもらったお店に行くんですか？　競合でも？

大川 もちろん。質問をするからには、いただいた答えに誠意を持って必ず行動しますし、ちょうどそのとき天一がめっちゃ食べたかったし。

堀江 （笑）。そういうのって大事だと思う。

大木　ちなみに、一番おいしかった天一はどちらですか？

大川　高円寺ですね。高円寺は素晴らしかった。八幡山と銀閣寺店も好きですが。

大木　お詳しい！

大川　僕のソウルフードです。〇〇〇〇店はおいしくないです。

大木　高円寺のほうに、今度行ってみます（笑）。

「誰かのために料理を作って『おいしい』って言われるのって人間の仕事の中で最高の喜び」（大川）

大木　ところで『立川マシマシ』はいま何店舗でしょう？

大川　今はえーと、12か13くらいです。直営はゼロ。あ、じゃないや、こないだ神保町を譲り受けたので1店舗で、あとは全部FCです。FCは紹介制で、広く募集はしてません。

大木　商品の開発は主に大川さんご自身でやってらっしゃるんですか？

大川　立川総本店のチームを中心にやってます。マシライス系と「すごい冷やし中華」と「チャーシューエッグ重」は僕からの発案ですが、ざっくりした発案に対して何度も試作を繰り返してくれる清水総料理長とせいのくんのコンビがちゃんとした味に仕上げてくれます。で、みんなで出来上がったものを食べて、微調整するポイントを共有して、その場でどんどん完成に近づけていくというやり方です。最近は足利チームの伸びも素晴らしい。

大木　じゃあ、大川さんは商品開発＆マスターブレンダーみたいな感じなんですね。

大川　マスターブレンダー（笑）。夜中2時まで8杯食ったりしてますよ。でもいろんな食材の味を色とか形で覚えてるので、カチッとハマるまで何杯でも食べることにしてます。味や食感のバランスが悪いと頭の中で球体にならない。１２０点超えのメニューは食べた瞬間に球体がビシャーっと光ります。

堀江　マシライスは今度『蝦夷マルシェ』でもやるんです。で、北海道で初めてのマシライス。本家から直送してるから味も完璧だし、米も地元だし。

大川 幸い冷凍しても味の劣化がないんだよね。『立川マシマシ』では某高級焼肉店と同じコシヒカリ使ってるけど、北海道の「きらら397」の食感にもとても合うと思う。

大木 大川さんは、今の話で行くとラーメン以外のこととか、『マシマシ』をこれからどうしていくか、とかビジョンはありますか。

大川 まだなにも決めてません。何も決めてませんけど、たかぽんがさっき言ってたような店舗運営上のリスクが頻出するくらいならお店を増やしたくはないと思ってます。特に都心部は商品価格と働いてくれる方の供給バランスが無理ゲーなので、お店を減らしていくことも考えてます。だから店舗を増やして拡大！というよりも、その都度メーカーさんと提携するとか、そんな形で行こうかと。無理に調理プロセスを簡略化したりマニュアルつくったりして、いろんな後ろ向きのリスクと戦いながらでもお店を増やそう、というのはぜんぜん好きな世界じゃないですね。

大木 大事なのはそこではないんですね。

大川　そうですね。誰かのために食事を作って「おいしい」と言われるってのは、人間の仕事の中でも最高のよろこびだと思ってるので、工業製品のレンチンとかマニュアル運営でどれだけ利益を残したところで、ダメなんです。おいしく作ってくれた人においしかったと伝えるのも、そう言われるのも最高にいいもんだし、そのよろこびを仕事から奪ってしまったら作業しか残らなくなっちゃいますよ。

「予約ループをつないで常連化曲線していく。僕は半年先の予約なんてとらないけど」（堀江）

大木　大川さんはいろいろやってらっしゃいましたけど、今までのお仕事の中で、これが一番やりがいを感じてるところなんですか？

大川　質問の意図が分からない（笑）。

大木 楽しそうだなと(笑)。

大川 ああ、でも戦いですよ、これは。相当な戦いです。営利目的でやってるところと軒を並べてやらなきゃいけないわけですから。品質で戦うってのは、すごく大変。広告もぜんぜんしてないし。

堀江 まあ、今は広告しなくてもよくなりましたからね。もう全然いらないですね。なんでみんな、ホットペッパーグルメの奴隷になってるんだろう、ってすごく不思議。

大川 惰性でしょうね。まだたくさんいますよ。

堀江 もう、ホットペッパーグルメとか、マジでいらないと思いますよ。「なんでやってるの?」って聞くと「隣の店もやってるから」「前の店でもやってましたから」みたいな。僕はあれを〝リクルート税〟って呼んでいて、リクルートは情弱ビジネスなんで……なんてことを言い過ぎて、ずっとリクルートのビジネスピッチコンテストの審査員をやってたんですけど、おろされました。あまりにも「リクルートに金払っちゃダメだ」とか言い過ぎて(笑)。

一同　（笑）。

堀江　実際、あそこのビジネスってそれですからね。本来は払わなくてもいい金だし。だから僕は採用にリクナビすら使ってないですもん。前の会社は僕が辞めたとたんに使いはじめましたけどね（笑）。

大川　「おぉ！　便利だこりゃ！」ってなったんじゃない（笑）？

堀江　便利なのかもしれないけど「おまえが手抜きするために使ってんだろうが、採用担当者よ」って。

大川　あー、あるある。

堀江　自分で知恵絞らないと。リクルートに全部利益持ってかれるじゃんかよ、って。鵜飼いの鵜かよ、みたいな。だから、そういう意味で言うと飲食ビジネスは面白いですよ。工夫の仕方がいっぱいある。

大木　10年続けば奇跡って言われるほど、危険な業界ですけど。

堀江　つーかね、待ってるだけの人が多いんですよね。

大木　お客さんが何かのきっかけで来てくれるんじゃないか、っていうのを。

堀江　そうそう。でも、お客さんはプッシュしまくらないと来ないですよ。だから、今日はどこへ行こうかなって思ってるところへ「うちへ来て」って言ったら、来てって言わないところよりは来てくれる確率は上がるじゃないですか。っていう、ただのそういうゲームなんで。嫌がられない範囲でプッシュする。「このお客さん、１カ月くらい前に来てくれたから、そろそろまた来てくれるころかな」みたいな人に送ればいい話で。うちなんか高級業態なんで、お客さんの数なんて１日せいぜい20人くらいじゃないですか。顧客のプールって１０００人いないんですよね。その１０００人いかない客に対して、カスタマイズして連絡することぐらいできるじゃないですか。そんなに難しい話じゃないし、時間はかからないですよ。でもね、やらないんですよ。

大川 そうだね。

堀江 ビックリしますよね。実は予約の取れないレストランって、それをやってるんですよ。飲食じゃないんだけど、それを一番実践してるところが**『悟空のきもち』**。予約が54万人待ちとか書いてあるんだけど、バーチャルに行列を作り出してるんです。それって天才だなーと思って。「バーチャル

『悟空のきもち』
頭のもみほぐし専門店。

に行列を作り出してる」って、今思いついた言葉ですけど(笑)。行列ってバーチャルに作り出せるんですよね。ミシュランの星付きの予約の取れないレストランは、バーチャルに行列を作り出してる。どういうことかというと、実は予約は取れるんですよ。これは飲食店にも共通することなんですけど、常連化曲線と予約ループという言葉があって。これがすごい重要なワードです。常連化曲線は**トレタ**が開発した言葉なんですけど、最初に来店してから2回目に来店する確率って、10%くらいなんです。2回目の来店から3回目の来店につながる確率って30%くらいなんですよ。その次は50%を超えるんです。常連化率が高い店ほど利益率が高い。これは予約ループを作り出すことによって作っていくんです。『CHIUnE』って店、知ってます?

大川 ちうね?

堀江 もともと岐阜にあった有名中華料理店の次男がやってる店なんです。

大川 ああ。

堀江 僕、その店に行ったんですよ。そうしたら、案の定6席しかない。僕ら以

トレタ
株式会社トレタ。「豚組」などを経営し、ツイッター集客の開祖ともいわれた中村仁社長が立ち上げた、予約台帳システムの会社。

外の2組の客は、次の予約を取ってた。それが半年先とかなんです。俺は半年先の予約とか取りたくない派なんで……(笑)。

大川 絶対取りたくないね(笑)。

堀江 でも、ほかの2組は取ってて。その後、シェフに「予約取ってくれなかったの、堀江さんだけですよ」って愚痴られました。

一同 (笑)。

堀江 「そんなに気に入らなかったんですか?」みたいな。

大川 そういうやりとり、すっごいイヤ。

一同 (笑)。

大川 野暮ったくて貧乏くさい。

堀江 なんですけど、まあね、大木さんは分かると思いますけど、皆さんそうされてるじゃないですか。

大木 はい。

堀江 あれが予約ループってやつなんですけど。予約ループを作ることによって、常連化を促している。それと、予約が取れないバーチャルな行列を作り出してるんですけど。同じことをやってるんですよ、『悟空のきもち』も。僕は悟空の社長と対談したんで、社長枠で最初の予約を取らせてもらって。そうすると「次の予約はいつになさいますか？」って聞かれるんですよ。

大川 えー。

堀江 実は、予約が取れるんですよ。ただ、全部常連で回してる。で、セラピストを増やさないんです。日本には4店舗くらいしかなくて、海外ではニューヨークにありますね。だから、セラピストが1店舗あたり10人くらいしかいないんで、合わせても50人くらいしかいないんです。要は6席のレストランと一緒ですよ。席数がないので、自然に行列ができちゃう。常連だけで回してるから利益率が高いしね。しかも、新規のお客さんが入りにくい仕組みになっているのもポイント。だから、予約が取れない、みたいになっちゃうんですよ。しかも、ドタキャンって結構あるわけでしょ。ドタキャンが出たら、あらかじめ作ってあったLINEグループとかにダーッて流す。そうすると、ババババッて埋まっちゃう。だから、99％以上の予約率でキャンセルがほとんどない、っていう状態を作り出せるわけです。そうすると、54万人待ち、みたいになっちゃって、新規は永遠に入れない。ずっと行列に並び続けて、いつまでたっても入れない、みたいな。そのうえ、常連さんはそれを知ってるから、予約ループから離れられないんです。僕は、思ってたほど大したことなかったから速攻で離れましたけど(笑)。

一同　(笑)。

大木　次はいつにしますか？って聞かれると、つい取っちゃいますもんね。

堀江　「次の予約はいつにしますか？」って言葉に出して言う。それは大事ですね。

大木　でも、大川さんがやってるのとは、全く別の話ですよね。

大川　うん。できるだけお客さんを束縛したくないですね。

堀江　でも、そういう風に思って、それをやってないわけじゃないんですよね、みんな。それをホントはやらなきゃいけないのに、やってないんですよ。だから、『悟空のきもち』って上手いなあと思いますよ。これはいろんなビジネスに応用できると思う。

大川　でも、「うまいなぁ」が多すぎて、気が休まらないよ。

一同　(笑)。

大川　ホントに、笑い事じゃないくらい落ち着かないですよ。2000年くらいから容赦ないコンバージョンの考え方が店舗運営にも入り込んできてるから、働くときもメシ食うときもあらゆる瞬間が監視されてる感がある。いい話だなーと思ってテレビ見てたら最後に青汁出てくるみたいな世の中よ。

堀江　今までは牧歌的だったんですよ。まあ、僕は競争を持ち込んでる側ですけど。申し訳ないんですけど、だって、面白いもん。あまりにも競争がなさすぎて。本当にお花畑だったし。

大川　それで、質が半端だったりするお店がガーッと駆逐される分にはいいんだけど、質がそれなりにいいところまで巻き込まれるケースが結構あるんだよねぇ。「孤独のグルメ」があれだけ求心力を持っているのって、そういうシステム化に対する反動だと思うわ。

「海外進出は、中国に日本の名店を持っていく。どこのお店と行くかは、本を買ってくれた人だけに教えます」（大川）

堀江 『マシマシ』は海外には行かないの？

大川 うーん。ラーメンでは行かないと思う。こないだも北京と香港に行って毎日いろんな店を見てきたんだけど、多店舗化を前提とするとラーメンで納得できる品質を出すのは相当大変だなーって。だから今は「自社で海外へ！」じゃなくて、中国で既にチェーンを運営してる友人と一緒に日本の名店を発掘して多店舗化しようってなってます。

大木 おお、さしつかえなければ、主にどんな業態を発掘なさってるんですか？

大川 唐揚げですね。あと親子丼。１つめの唐揚げはもうすぐ契約になって、中国の状況にもよるけど早ければ２０２０年内に出せるかな。めちゃくちゃいろんなお店食べに行って、その中でも群を抜いて旨い店です。

大木 もしよろしければ店名も……。

大川 ナイショ。スタートしたらまた言いますね。

堀江 ナハハ。

大木 気になるなー。

大川 次点だったのは、横須賀の『とまと』さんと、大分からだしてる『とりあん』さんと『もり山』さんです。実際僕から中国進出をお願いしたお店は、この本買って読んでくださった方だけに教えるって感じにしましょう。twitterとかで。

大木 いいですね！ でもなんで唐揚げなんですか？ 中国でも唐揚げってありますよね。

大川 もちろん現地にも台湾系、韓国系と、あれこれありますが、日本発の商品ってやっぱり印象が良いんです。そしてなにより、みなさん味がわかる。テキトーなものでは売れない。中国で何十軒もファストフードブランドを回って思ったんですが、明らかに前時代的な効率重視ファストフードが頭打ちになっているタイミングだと思います。

堀江 そうそう。

大川 で、それと同時に金融市場の流れの中で効率的に大きな資金を投下できる対象として、飲食の多店舗化が着目されています。

堀江 **『ラッキンコーヒー』**！

大川 まさにそれ。これから、力技で店舗数を増やしつつ、ITもふんだんに使いこなして一気に面を取りに行くチェーンが今後いくつも産まれてくると思う。あとは「ワイマイ」っていう出前文化がもう東京の比にならないくらい充実してるので、そういう点からもやっぱりラーメンじゃなくて出前しやすい商品のほうがいいんだろねーって話してます。

大木 どれくらい充実してるんですか？

大川 もうランチタイムは注文のメロディが店内鳴りっぱなし。だけど店内で食べてるお客さんは2、3組。ちなみに、どっかで聞いたメロディだなーって思ったら、JRの発車メロディをそのまま使ってた。

一同 (笑)。

『ラッキンコーヒー』
中国のデリバリー型コーヒーチェーン。注文はアプリのみ。2018年からたった1年で2000店舗に拡大。記録でナスダックに上場した。しかし、2020年4月に不正会計が発覚。今後の行方が危惧されている。

大川 配達員たちも、もう引っ切りなしに出入りしてて、彼らの運営会社の親会社も『**JD**』とかのＩＴ企業ですからメチャメチャ無駄がないんです。

大木 なるほど。でもお話をうかがってると大川さんの日本国内でのスタンスとはだいぶ真逆の印象を受けますが。

堀江 だよね。めっちゃ効率的な方法じゃん、それ。

大川 もうね、ほかの国ってわかんない。

一同 (笑)。

大川 わかんないこと無理にやろうとすると事故るから、最低限こだわった部分の味はしっかり守ってもらった上で、現地で流行るものをどんどん出していってもらったらそれでいいんじゃないかなーって。特に中国の件で自分が担当している部分は最高においしいものを見つけてくるってとこがメインなので、そこから先は洗練された大企業が担当してくれて、めっちゃ優秀な多店舗化サーバーを使わせてもらってる感じです。

堀江 いや、やっぱりこの人もなんだかんだ言ってＩＴなんですよ。

大木 やっぱりそうですね(笑)。

『**JD**』
アリババと並ぶといわれる、中国のEC大手企業。

株式会社立川マシマシ

２０１４年創業。さまざまなジャンルのプロが集い、10ドル以下で最高に美味しい一食を作ることをテーマに商品を作り出し提供している。積極的に自らの直営店は持たず、知的管理及びシステムの構築と運用がメイン。

株式会社京都吉兆
代表取締役社長

徳岡邦夫

vs.

堀江貴文

徳岡邦夫

•••

TOKUOKA KUNIO

1960年生まれ、大阪府出身。「吉兆」創始者である祖父・湯木貞一氏の元、20歳から本格的に修業を始める。1995年、35歳で京都吉兆総料理長に就任。料理人として現場を指揮する傍ら、国内外を問わず数多くのイベントへの招聘を受ける。2020年「吉兆」は創業90周年を迎え、日本料理を通して、世界や未来の人々に必要とされる日本文化の創造を使命にさまざまな活動を行う。

「これまでのノウハウを活かしてたくさんの人の役に立つものを作りたい」（徳岡）

堀江 徳岡さんの『京都吉兆』は、今は何店舗あるんですか。

徳岡 5店舗ですね。

堀江 海外も？

徳岡 いいえ、今海外はイベントだけですね。嵐山にグランメゾンのような一店と、京都駅のホテル内や、祇園にアラカルトが食べられるような、いろんな人が来やすいお店。京都市の南、八幡市に松花堂弁当が食べられるお店。松花堂弁当っていうのは、うちの創業者、つまり私の祖父の**湯木貞一**が最初にやり出したんですよ。

堀江 そうなんですか！

湯木貞一
吉兆創業者。料理人として初めて紫綬褒章受章。辻調の辻静雄は、ポール・ボキューズやジャン・トロワグロを日本に招聘した際、何度も吉兆で湯木の料理を共にし、このことが彼らの料理に影響を与えたともいわれている。

徳岡　松花堂昭乗という、お坊さんであり、茶人であり、文化人である人がいてね。

堀江　いつ頃の人なんですか？

徳岡　江戸時代初期、寛永の時代です。〝寛永の三筆〟のひとりですよ。その人が、農家さんが種を小分けするために箱を区切って、重ねて整理しているのを見てね、「これは面白い」と、その箱に自分で絵を描いたり、漆を塗って品よく仕上げたんです。それを薬や小物を入れる箱として実際に使っていたそうですよ。

堀江　へえ～。

徳岡　昭乗が亡くなってから、祖父がその箱を茶会でたばこ盆として使っているのを目にする機会があって、1つの器が4つに分かれた器ってないから、料理の味が混ざらないように盛れる器として使ったら全国的に流行ったんです。

堀江　味が混ざらない器が、ありそうでなかったんですね。

徳岡　見た目も斬新だし、昔のお弁当は区切りなく盛り込んでいたので。区分けされて、それぞれに違う世界観があるのが斬新だったのでしょう。

堀江 区分けするって、そんなに……？

徳岡 ね。難しいことじゃないんだけど。幕の内弁当っていうのはT字の桟で3つに区分けしているんです。それはあったのに、固定して4つに区分けしたものがなかったんですよ。

堀江 それが松花堂弁当の起源なんですね。

徳岡 そう。原型からサイズや色を変えて、ふたをつけて、器にしたわけです。4つの器を入れ込むようにすると4か所で盛りつけを分担しやすいし、4か所で分けて調理するので食べる時間に合わせて、それぞれの料理を冷蔵庫から出しておく必要がないし、熱々にもできる。温度管理がしやすい。見た目、おいしさ、衛生面と、結果的にいいものができたんです。

堀江 商標とかは取らなかったんですか？

徳岡 取ろうとしたときには普及しすぎていたみたいですね。

堀江 人材はどうしてるんですか？

徳岡 途中でやめてしまう人が多い業界なので、人が離れないようにする工夫としては、魅力ある場所にして、収入面も将来を見据えて、透明化して。実際にそのなかで人間的にも成長できる環境も作らないとね。

堀江 じゃあ、そこまで困ってはいないですね。

徳岡 今後、店舗数は縮小しようと思っています。嵐山と名古屋はそのままに、あとはもう1店舗、セカンドライン的なお店があればいい。将来は3店舗くらいにしたいと。

堀江 縮小方向なんだ。

徳岡 料理屋としては、そうです。その中で売上、利益を大きくしていくには、物販に力を入れようと思っています。今までに信用とノウハウを積み重ねているので、それを活かしていく。もっとたくさんの人たちに食の力を使って役に立つことができると思っているんです。

堀江 物販はどんなことをやっているんですか?

徳岡 具体的に今は、天然素材だけで作った「にゅうめん」と「吉兆のだし」です。あとはくるみのお菓子。好評なのはフルーツゼリー。

堀江 意外です。

徳岡 うちの店で出しているフルーツゼリーをそのまま商品化したら、ちょっと高くなってしまいました。厳密にいうと〝そのまま〟ではないんだけどね。さすがにめちゃめちゃ高くなっちゃうから。

堀江 フルーツの仕入れコストの問題？

徳岡 それもそうですが、日持ちしないからロスが出てしまうんです。フルーツを糖蜜で炊いて、その火の通し加減が、京都吉兆オリジナルなんです。

堀江 だしパックもいろんなお店のものが人気じゃないですか。

徳岡 そう。でもすごく人気のだしパックを見てみたら、化学調味料無添加といいながら結構いろんなものが入っているんですよ。うちはそういうのではなくて、昆布とかつおぶしだけで作ったんです。うちのノウハウがあるから可能になったんです。

堀江 そうなんですか。

徳岡 以前は、そういう物販も地域活性化になると思ってやっていましたが、最近は大手企業とも色々な企画をやっています。今は『江崎グリコ』さんと商品開発をやっていますよ。「アイスの実」って知らない？

堀江 知ってますよ！

徳岡 あれの野菜バージョンを作ったんですよ。

堀江 ああ、聞いたことがあります。

徳岡 去年の夏に百貨店で限定販売をしたんです。アイスの実って、コンビニだと税抜き１４０円くらいなのが、これは百貨店に見合う企画にしたことで１袋５００円。どうしても高くなっちゃった。店頭販売は京都と大阪で２週間だけやってみたんです。まさかと思ったけど売り切れちゃった。

堀江 それは売れますよ。

徳岡 要するに、その商品の特徴は京都吉兆の積み重ねなんです。京都吉兆にしかできないアイスなんです。香料、人工甘味料、着色料は一切使っていない。添加物は食物由来か、製造側が開示できるものにしてもらいました。最初は、グリコさんはできないって言ってたんですけど、うちで作って提案したんです。

堀江 アイスの見本を？

徳岡 そう。そうしたら「これはおいしいね」って。作り方を聞かれたから開示して、そしたら「できるかもしれない」と。でも、なかなか再現できなくて、開発に2年かかったんですよ。僕の基準に達するまで作り直してもらってね。

堀江　まあ、そこまでくれば量産品ですからね。全国販売はされるんですか？

徳岡　全国販売も含めて検討中です。

堀江　飛行機でも徳岡さんの名前をお見かけしましたが。

徳岡　昆布とかつおぶしだけを使った顆粒だしを某メーカーさんに作ってもらいました。飛行機のファーストクラスで京都吉兆名物の鯛茶漬けにして提供したのです。はじめは3カ月の予定でしたが大変好評で、延長、延長で2年くらい続きましたよ。天然素材の顆粒だしはパスタにも、お肉にも、サラダにも、なににかけてもおいしいんですよ。それって世界中が求めるんじゃない？って。ただ、たくさんの人たちに役立つ商品に仕上げるには様々な問題があって、今色々なメーカーさんと協議中です。

堀江　なるほどね。

徳岡　店舗展開をして人をたくさん雇うんじゃなくて、独自に企業とコラボして商品を開発することも、これからは絶対必要条件になると思います。今まで京都吉兆が積み上げてきたものと、そのノウハウを使って、たくさんの人の役に立つものに変換していきたい。それがビジネスとしても成立するんじゃないかと思っています。

「海外からのお客様は4割で抑えています。海外の方ばかりにならないように」（徳岡）

堀江 嵐山本店そのものを拡大する、みたいなことは考えていないんですか？

徳岡 基本的にはないです。隣が売りに出たら買うかもしれないけど(笑)。

堀江 あはは。

徳岡 大きくしたいというよりも、部屋数をちょっと増やすくらいかな。あの場所のあの雰囲気は絶対に残していきたいです。

堀江 1店舗の中で大きくしていったほうがいいんじゃないかなと思って。

徳岡　効率がいいよね。目は届くので、規模が大きくなっても経費、顧客、料理クオリティなどなど管理もしやすい。

堀江　僕もそう思います。

徳岡　たとえば、入り口は一緒なんだけど、右に行ったらリーズナブルなセカンドラインで、メインはずーっと奥、とかね。

堀江　ニューヨークには1店舗で50億くらい売っている店がありますから。

徳岡　キャパが1000人とかね。そこまでの規模になると、管理できなくなるからうちでは無理。ミートパッキングエリアとかの、倉庫街にできているお店は、端から端が見えないからね！

堀江　すごいですよね。

徳岡　結局、投資家があの辺の倉庫をみんな買って、外観をそのままに、内装を豪華にして、世界中からトップシェフを連れてきてレストランとして展開する。地価を上げるためにやってる投資対象で、最初に出資した人には還元される構図。

堀江　確かに、『ブルーボトルコーヒー』が最初にできた清澄白河なんて地価が上がってますもんね。昔の代官山とか大阪の堀江もそうだったんでしょうね。

徳岡　そう。そういう形の投資をしているところって、自分のバリューも上げつつ、社会貢献しているという大義名分もある。

堀江　そうですね。スラム街のリノベみたいな。

徳岡　そうそう、健全化ですよ。

堀江　大阪では、**星野リゾートがドヤ街にホテルを建てたり**していますもんね。

徳岡　西成に都市型ホテルを建てるようですね。

堀江　大阪と京都は、外国人がすごく多いですもんね。東京はもともと人口が多いから目立たないけど、銀座とか外国人比率がヤバいですよ。徳岡さんのところはどうですか？

徳岡　海外の方は4割くらいで抑えています。外国の方ばかりにならないように……。ロシアとか中国の方が集中的に予約するようになったり、予約して来なかったりとか、残念ながらありますので。

星野リゾートがドヤ街にホテルを建てたり
2022年4月開業予定の都市型観光ホテル「OMO7大阪新今宮」。

「日本料理は、手間がかかりすぎてジャンルとして店舗展開に向いていない」（堀江）

堀江 今、どのくらい部屋があるんですか？

徳岡 嵐山本店で使ってるのは6部屋です。

堀江 結構広いですよね。

徳岡 敷地は約600坪。その中で大小あって、廊下も全部畳の部屋もあって、40名とか大勢さんに入ってもらうこともできます。

堀江 みなさん社員なんでしたっけ。

徳岡 基本的には正社員です。パートやアルバイトも一部にはいますけど。

堀江 規模も売上も、大きい会社ですよね。

徳岡 いやいや、いち料理屋です。

堀江　そうですけど、料理屋って考えたら大きいですよ。

徳岡　業界の中ではそこそこ大きいのかもしれないですね。

堀江　すべて直営ですか。

徳岡　そうです。そうしないとクオリティが保てないんです。流行るからと、店舗数を増やしたり、店を大きくすると対応できなくなって失速します。やっぱりやりすぎやスピードの上げすぎはよくないと思います。

堀江　特に、日本料理は料理人の手間がすごく多い種類の料理ですもんね。

徳岡　そう。だから、店舗展開すべきじゃないんですよ。

堀江　ジャンルとして店舗展開に向いてないんですね。ひとつひとつのクオリティが下がると、ブランド全体が損をするという。

徳岡　難しいんですよ。ひとつの店で丁寧にこだわりを持ってとも考えますが、それも違うような気がして。

堀江　すごくわかりますよ。今はＳＮＳがあるから、少しは楽になったと思いますけどね。クオリティの管理とか楽ですよ。『WAGYUMAFIA』を一緒にやっている浜田なんて、しつこく見てますよ。カットと盛りつけの写真がグループＬＩＮＥで送られてくるのを細かくチェックして。インスタのポストを見て「色が汚い」とかね。クレームもネット経由で来るでしょう。だから、すぐ対応できるし、チェックを細かくしても管理できるのかもしれない。

徳岡 うちには向かないかな(笑)。

堀江 そうですね。僕らのところは肉だけだからいいけど、京都吉兆はなんだってあるから。

徳岡 そうなんですよ。

堀江 逆に作る側としては、あれだけの素材をなにしてもいい。真っ白なキャンバスに絵を描いてください、みたいな世界って大変ですよね。

徳岡 フレンチとかイタリアン、チャイニーズ寄りにもなったことがありましたけど、今はどちらかというと日本的に。そのほうがわかりやすくて、海外の方もよろこびますからね。昔と変わったところは、より日本的になっているという点かもしれない。

堀江 そういう感じがしますね。

徳岡　フリーハンドと言いながら、日本料理という枠内で納めている。

堀江　それでも十分フリーハンドなんですよ。それってすごいと思う。マネージメントしてくのが大変ですよ。

徳岡　それは人を育てて、体制を作る以外ない。料理人って「料理ができればいいでしょ」みたいな人が多いけど、うちの社員には「そうじゃないよ」と。人として成長しなければ料理に反映されないし、いろいろな価値観を知ることも大事。例えば、推薦図書として会社から「こんな本を読んだらどう?」って提案をしているんですよ。『やさしさの精神病理』だったり、『真実の瞬間』っていうスカンジナビア航空のCEOの話とか、歴史の話とか。料理とは関係ないジャンルなんです。強制じゃないので、自分のお金で買って、自分で読む。どうせならレポートにまとめる。「まとめる」という能力は料理にもすごく大事だから。

堀江　編集ですね。

徳岡　そのとおり。編集して出すっていう力が必要なんです。出してくれたら評価して給与にも反映させます。

「幹部は毎月、最先端のマネジメントの授業を受けてる。テストもあるんですよ」（徳岡）

堀江　採用はどうしているんですか？　何十人どころじゃないでしょ？

徳岡　まあ、10人から20人程ですね。辞めていく方も多いですけど。

堀江　今は社員は何人くらいですか？

徳岡　１６０人弱です。

堀江　大企業じゃないですか。

徳岡　大企業ではないけど、料理屋さんで１６０人がいろんな仕事をするって大変なことでね。いろんなことが起こります(笑)。

堀江　あはは。

徳岡　一人一人に対応するのが大変。

堀江　給料払って、社会保険入れて。

徳岡　まあ、うちはそんなに給料払ってないから(笑)。でも、大変は大変で、昔は修業なんだから労働時間なんて関係なかったのが、今は8時間って決まっていて、それから残業手当など……それを全部ケアするのは大変ですよ。

堀江　ですよね。

徳岡　たくさん人を集めて、教育にも、衛生管理にも、コンプライアンス管理にも投資しないといけない。

堀江　そうですね(笑)。

徳岡　利益を出すのは、本当に大変です。そうなるとやはり、店舗は縮小する方向になるかもしれません。ただ、祖父の代からの関係や吉兆のノウハウは、活かしていきたいと思います。嵐山本店には、どうしても限られた人しか来ることができなくなっています。けれどそういった限られた人だけではなくて、多くの人の役に立つことをしたいと思うのです。

先ほどお話した「アイスの実」なら、たくさんの方に食べてもらえる。それに収益も得られるのでありがたい。でも、簡単なことではありません。きちっとした商品にしないと続かないです。だからこそ、今までの京都吉兆の経験、ノウハウが必要なんです。

堀江 徳岡さんの右腕みたいな人はいるんですか？　全体をまとめるような。

徳岡 現在、育成中です。幹部は毎月最先端のマネジメントの授業を受けてる。

堀江 そんなことやってるんですか！

徳岡 専門の先生に来てもらって、数字の見方、リーダー論、マーケティングも教わってる。幹部20人程でね。

堀江 普通の会社っぽいじゃないですか。

徳岡 現行のリアルな数字を使って、料理や商品のマーケティングをするとか物流とか。テストもあって、給与に反映しているんです。自分だけのためではなく、たくさんの人たちのために努力した人は報われるようにしたいから。

堀江 経営者らしいですね。

徳岡 将来は彼らの中から社長になってほしいです。血縁者じゃなくてね。料理長は朝から晩まで料理のことを考えて、結果が出せる人。人望がある人。それで、マネジメントもできてね。会社としてはそういう人を育てていかないと。ちなみに僕も一緒に勉強してテストを受けているんですよ。

堀江　へえ〜！

徳岡　全部記述式で、実際のリアルな問題だから、そこからいいものがあったら実行していきましょうって言ってます。共通の話題もできるし、同じ方向を見ることができて、チームとして向上していける。

「流行っているものを真似るのではなく空気を感じ取って、うちなりのものを作る」（徳岡）

堀江　京都吉兆となると、お客様の年齢が結構上ですよね。若返りを図ったりはしているんですか？

徳岡　基本的には60代以上ですよね。祇園のお店だと30〜40代の方もいらっしゃいますよ。多くの世代の方に京都吉兆を知ってもらいたいので、カフェや

堀江　軽食のお店のような事業もしていきたいですね。

徳岡　タピオカミルクティーとか作れそうじゃないですか。

堀江　タピオカミルクティーってもうたくさんできすぎなんじゃないの（笑）？ダメダメって言われながら、並んでいるお店もありますよ。

徳岡　あれって台湾ではマーケティングをかなりしっかりやって、食事として開発したんでしょ。

堀江　そうみたいですね。

徳岡　そういう傾向はあるわけですよ。僕たちの場合は、最初にも話した物販の「にゅうめん」。うちの、食べたことある？

堀江　いえ、ないです。にゅう麺自体はおいしいと思いますけど。

徳岡　普通はインスタントの麺って、お湯を入れて何分かおいて作るでしょ。でも、うちのは電子レンジを使うんです。でんぷんは95℃以上で完全にアルファ化するんですけど、お湯を入れておくだけでは、温度は下がり中途半端に柔らかくなるだけなんです。電子レンジを使えば95℃以上をキープできて、スムーズに、完全にアルファ化する。それがおいしさのヒミツなんです。完全にアルファ化した瞬間が美味しいんです。ベータ化がはじまるから。

堀江 じゃあ、本当のにゅう麺もそうやって作った方がいいですか？

徳岡 本当のにゅう麺は乾麺からだから、沸いたお湯に入れるでしょ。即席めんの話ね。

堀江 本当に、その熱意でタピオカ屋もできそうじゃないですか（笑）。

徳岡 真似してるんじゃなくて、なにがなぜヒットしているかを感じ取って、それに準ずる京都吉兆らしいものを提案したいです。

堀江 それが、今はタピオカじゃなくてにゅう麺なんですね。

徳岡 にゅう麺、結構人気なんですよ！

堀江 それこそ、電子レンジでやれるなら飛行機で売ってほしいな。飛行機で京都吉兆のにゅう麺が食べられたら最高ですよ。

徳岡 飛行機は、うま味キャビアを提案しています。

堀江 キャビアは結構です（笑）。

徳岡 えーっ！　どうして？

堀江　飛行機の上では、僕はジャンクなものが食べたいんです。カレーライスとかラーメンとか。なのに、みんな懐石っぽくしちゃうんだよな〜。開発している人に言っても、なかなかわかってくれない。ビジネスに乗ってない人が開発してるに違いない。

徳岡　僕も一時期、航空会社のコンサルをしてたけど、1日に6万食とか作るから、衛生管理者としては、おいしくできるというより、確実にできるものが優先されるようですね。

堀江　だったらセブン‐イレブンの冷凍食品みたいなやつを電子レンジで温めるだけでいいと思うのに。『牛角』とかを作った西山さんのプライベートジェットって、メニューが全部セブン‐イレブンの冷凍食品とか金のカレー。そんなのばっかりなんですよ。

徳岡　電子レンジで温めるごはんも結構おいしいしね。

堀江　そういうごはんを温めて、納豆とかね。それが飛行機の中でおいしいんですよ。

徳岡　地上でもそうなっていくと思いますよ。日本の冷凍の技術がすごいですから。生肉とかマグロって生鮮食品だと細胞が割れてしまって、寿司にしたときに食感や味が違ってきてしまうけど、加工してから冷凍すれば大丈夫。0℃からマイナス7℃の細胞内の水分が膨張して破裂する温度帯をどう超えるかってことになるけど、これがマイナス30℃まで凍らせないでおいて、一気に凍らせる技術があるんですよ。でも、解凍するときはどうしても通っちゃうから。ただ、加工してあれば品質は変わらない。むしろ細胞が壊れたほうがおいしい場合さえある。

堀江 そうですよね。だから貝の味噌汁とか作るときはいいですよ。だしがよく出て。

徳岡 キノコもそう。生や焼くのではなく、スープに入れる。冷凍食品も、無添加や、食材にこだわり、技術やレシピがワンランク上だったりと、高級なものが出てくるでしょうね。魚も自然が汚染されてきたら、養殖の技術が上がって天然よりいいものが出てくるかもしれない。

堀江 実際、海外には養殖の方がサスティナブルでいいという考え方もありますね。

徳岡　大手のメーカーに、ＡＩで自然環境を整えたところでできる養殖を提案しているところ。そうすると、中東でもラスベガスでも砂漠でおいしい魚が獲れちゃう。

堀江　ウナギも完全に確立されたっぽいですね。コストも合うみたいだし。

徳岡　以前は、孵化はさせたけど稚魚の飼育が難しいって言ってましたけど、おそらくもう完全養殖はできていますよね。

堀江　**近大が発表してましたよ。**何年かしたら商業化されるでしょう。

「日本的な考え方や日本文化は必ず世界のために役立ちます」（徳岡）

堀江　養殖の話もそうだけど、海外の人はすぐ「サスティナブル」って言うんですよね。中国人含めて。

徳岡　そうそう、イベントなんかやるとすぐ「サスティナブルな料理を作ってく

近大が発表してましたよ。　２０１９年11月、近畿大学がウナギの人工ふ化と50日間の飼育に成功したと発表。４年後の提供を目指している。

れ」って。どんな料理（笑）？

堀江　必ず言われるけど、厳しいですよね。やっぱり、あれは両義的なイデオロギーの話の部分が大きいと思っているんです。たとえばですけど、以前、青森にマグロを釣りに行った。30キロくらいのマグロを1本釣りで釣ったんですけど、バシャバシャとそこらじゅうにいる。津軽海峡とか大間の近くに行くと、50キロ、100キロ級がいたるところにいて、それがルアー垂らせば釣れるんですって。「なんでこんなことになっているの？」って聞いたら、佐渡沖で大手水産会社が**ヨコワ**を乱獲していたのをやめたからだって。その辺はグレーゾーンだったらしいんですよ。定置網のそばで獲ったり、育てたのが逃げたやつを獲ったり。グレーゾーンが明確に禁漁になったので止めたら、そこから北上してきた奴らがバシャバシャ。すごいんです。だから水産資源っていうのはそんなに……。あと、しょっつるの原料になるハタハタも絶滅危惧種にまでなって、禁漁になったこともあった。それが天敵がいなくなるとすぐに増える。生物ってそんなにやわじゃない。

ヨコワ　クロマグロの稚魚。

徳岡　なにが大事かっていうと、「獲るのをやめましょう」ではなくて、管理することが大事なんです。今はどういう状況で、どれくらい獲っていいのかっていう制限をするのを、世界では推奨していますね。日本は期限を決めて取り組まないと早い者勝ちで稚魚からなにから全部獲っちゃうから。ルールを決めて実行できる環境を作らないとダメですよ。

堀江　そう。ルールさえ決まればそんなにやわじゃない。この前『**ノーマ**』のレネ・レゼピシェフにインタビューをしたんですよ。「マグロはサスティナブルじゃないからうちでは使わないでおこうと思う」って言うから、「近畿大学でサスティナブルなマグロが開発されたんだけど、知らない？」って聞いたら、「知らない」って。ああ、知らないんだ……と思いましたよね。グローバルにアピールしていない近大にも問題があると思って、この前、**世耕弘成さん**に伝えました。環境汚染されていないところで養殖できて、技術は高い。ヨコワを獲ってきて大きくすればいいんだから、なんの問題もない。むしろ食わない理由はない。

徳岡　価格も安定するでしょうしね。あと、案の定というか、クジラもめちゃめ

『ノーマ』
「世界のベスト・レストラン50」で何度も首位に輝いたデンマークの料理店。

世耕弘成さん
近畿大学は世耕氏の祖父が創始。自身も4代目理事長を務めた。参議院自由民主党幹事長、元経済産業大臣。

ちゃ増えてる。

堀江 そうですよね。

徳岡 オーストラリアでやられている日本人シェフが、クジラもサメも多すぎて大変だって。害獣みたいなものになっていると言ってました。

堀江 鹿もイノシシも、ハンターとかオオカミみたいな天敵がいないからどんどん増える。オオカミが危ないからって絶滅させちゃったから鹿が増えて、木の芽をどんどん食べちゃう。土壌流出して、環境が崩壊ですよ。そこに3、4頭のオオカミを放したら、数年で劇的に変わったらしいです。

徳岡 全部をトータルでコーディネートするのが海外じゃない？　全部黒にする！　靴もカバンもベルトも統一してコーディネートするのがいいっていう価値観。一方で、日本の着物ってバラバラなものを組み合わせる。日本料理のテーブルも、さまざまなものを組み合わせる美がある。茶室でもそう。海外ではカトラリーは、最初から最後までメーカーや時代をそろえる。部屋の設えにも統一感がある。日本は食器もバラバラで、なんでも取り入れて、そのグループが必要とする目的に合わせて調整し適応させてしまう。

堀江　日本人の気質です。そういう、違う価値観の人が一緒になってなにか新しい価値を作っていくような発展の仕方をするのがいいとは思うんだけど。

徳岡　そうですよね。徳岡さんは影響力があるから、ぜひそういう考え方を進めてほしい。

堀江　日本の考え方とか日本的なもの、日本文化は、世界の人類のために役立つと思っていますよ。

「美食家が見る徳岡さんと僕が知っているテキーラを飲む徳岡さんはずいぶん違う（笑）」（堀江）

堀江　おじいさんで創業者の湯木貞一さんは、そもそもはなにをやっていた人なんですか？

徳岡　もともと料理人ですよ。料理屋の息子で、芝居とか、そういう文化的なものが好きでね。北大路魯山人に会いたくて、出向いたりしていたみたいです。その時は結局会えなかったみたいですけど。自分の家を継ぐのがいやで、お母さんからの小遣いを使って大阪の新町に小さい料理屋を出したんです。

堀江 もともとは大阪なんですね。

徳岡 そうそう。カウンターの小さな店なんだけど、茶道の本質をカウンターでうまく表現して出すっていうのが話題になって、文化人が集まるようになった。魯山人もその頃みえたみたいです。経済人も来るようになって、応援してもらえるようになって、そこからどんどん展開していったんですね。娘が4人、息子が1人いて、娘には料理人と結婚させて、店舗を持たせたんです。1930年頃からはじめて、1960年くらいから店舗を増やしていくんです。東京は61年出店です。

堀江 オリンピックの直前ですね。

徳岡 そう。オリンピック前に東京に出店して「世界の名物、日本料理」というキャッチフレーズを唱えていたんです。

堀江　京都は？

徳岡　嵐山は48年に開業です。戦後すぐね。もともと嵐山本店とか大阪の高麗橋は児島嘉助さんという人の別荘や本宅だったんです。児島さんは骨董商で、財閥の人たちと関係が深かった人。財閥解体で道具屋さんもダメになって、嵐山の別荘が売りに出たのを祖父が買ったんです。戦時中も吉兆は大阪で特別に営業ができていたんです。軍御用達の高級料理屋さんみたいな感じで、食材は持ってきてもらえて原価なしだったらしいです。

堀江　へぇ！　でも空襲とかもあったでしょう？

徳岡　そう。結局は焼けちゃったんだけど、まあ、いろんなことを繰り返しながら大きくなったんですよ。

堀江　なるほどなぁ。会社は分かれていって、徳岡さんは3代目になるわけですね。お店はやりたかったんですか？

徳岡　20歳のころは継ぎたくなかったですね。

堀江　麻布十番の店でお会いしたのが最初でしたね。

徳岡　そうでしたね。

堀江　僕も最初に「面白い店があるから行こう」って誘われて、その日からハマって3週間毎日行った(笑)。そこで、徳岡さんはテキーラをよく飲む人っていう認識だったんですよ。

徳岡　あれは夜の茶会なんですよ。茶会ってそもそもは伝統的な壁や社会的地位をなくすために小さい部屋でお茶を点てて飲むわけでしょ。だから、あれもあまり知らない人も仲良く一緒に飲む、〝夜の茶会〟。

堀江　今は美食会みたいなことしている人がたくさんいるじゃないですか。おいしいものを食べ歩こう、みたいな。その人たちが見る徳岡さんの姿と、僕が持っているイメージは全然違いますよ。

徳岡　イメージがね(笑)。

堀江　かしこまった場所でお会いしたりすると、「あれ、こんな人だっけ？」と思う。全然見え方が違う。そして、今も変わらない(笑)。

徳岡　うん、昨日は早かったけど、おとといは朝の5時まで飲んでたかな(笑)。

堀江　普通に、誕生日会とかにでっかい蟹を持ってきて、茹でてくれたりとかね。

徳岡　あったねぇ。

堀江　みんなから「徳岡さんと仲いいなら紹介してください！　嵐山吉兆の予約取ってください！」とか言われて、なんで俺がそんなことしなきゃいけないのかなって思ってたけど、ちゃんとした人なんだとわかりました(笑)。ありがとうございました！

株式会社京都吉兆

吉兆は、1930年に大阪の新町で小さな日本料理店を開業。創業者・湯木貞一の「世界の名物日本料理」を信条に名声を高める。1991年に分社化、2009年には京都吉兆代表取締役社長に徳岡邦夫が就任。湯木貞一の哲学から、残すべきもの、そして、変革すべきことを明確にし、閉鎖的な料亭体質を改め、マーケティング、人事、組織の革新にも取り組む。現在、京都4店舗・名古屋1店舗の日本料理店と、大丸京都店とジェイアール京都伊勢丹店の2店舗に物販直営店を構える。京都吉兆嵐山本店はミシュラン三つ星、HANA吉兆と名古屋店は一つ星を獲得している。

BEST RESTAURANT 2020

19人のテリヤキストが選んだ「この1年のベスト5」

堀江貴文が主宰するスマホアプリ「TERIYAKI」。
ここでお店を紹介することを許された19人の
〝テリヤキスト〟たちが、それぞれのベスト5店を発表！
はたして栄えあるGOLD、SILVERに選ばれたのは？

堀江貴文の
BEST 5

1 _ **霜止苗出**／イノベーティブ／北海道／小肌のテリーヌとかやばい変態の館。

2 _ **羊サンライズ**／焼肉／東京／チルド国産羊の館。

3 _ **すしうえだ**／寿司／兵庫／若干26歳の鮨ニューウェーブ。

4 _ **食堂うちの**／食堂／大阪／深夜の魅惑飯。

5 _ **Restrante Fumi**／創作料理／東京／銀座ペントハウスの美味いものや。

浜田岳文の
BEST 5

1 _ **蕎麦おさめ**／蕎麦／東京／玄挽きそばはあまりに香り高いため、つゆや葱は邪魔でしかないと感じるほど素晴らしい。

2 _ **INUA**／イノベーティブ／東京／今こそ訪れるべき、世界水準のイノベーティブ。

3 _ **UOZEN**／フレンチ／新潟／シェフ自ら調達した新潟の食材を活かした、究極のNature to Table。

4 _ **Restaurant État d'esprit**(エタデスプリ)／フレンチ／沖縄／渡真利シェフによる宮古島(広くは沖縄)をテーマとしたストーリーテリングが卓越している。

5 _ **pesceco**（ペシコ）／イタリアン／長崎／まだ若いシェフながら、一皿一皿に込められた思いとそれを整理して形にする能力にセンスを感じる。

マッキー牧元の BEST 5

1 _ **Restaurant État d'esprit**（エタデスプリ）／フレンチ／沖縄／沖縄の食材を驚異的に料理する。特に味気ないと言われて来た魚料理が素晴らしい。

2 _ **大夢**（ヒロム）／懐石／東京／日本人が培って来た季節への感謝を料理という形で心に刺す。それでいてどこにもない独創がある。

3 _ **レストラン ラフィナージュ**／フレンチ／東京／フランス料理のエスプリに満ち、食材の生命力にあふれた、エレガントで色気のある料理は彼しか生み出せない。

4 _ **浜作 祇園本店**／懐石／京都／日本料理とは何が必要か。我々は何を伝えていかねばならないのかを教えてくれる料理。

5 _ **オステリア・デッロ・スクード**／イタリアン／東京／イタリア各州の伝統料理を数ヶ月単位で再現。美味しいだけでなく、その土地の気候風土を感じ取れる料理。

柏原光太郎の BEST 5

1 _ **EN FACE**（アン ファス）／フレンチ／東京／丁寧なビストロ料理。

2 _ ふぐ倶楽部 miyawaki／割烹／東京／3キロ以上のふぐをリーズナブルに。

3 _ 中国意境菜 白燕（バイエン）／中華料理／東京／のびしろのある香港料理。

4 _ 福満苑鼓楼／中華料理／東京／中国郷土料理を格安に、中国ワインもある。

5 _ SHIGE tei（シゲ テイ）／割烹／東京／居酒屋以上割烹未満の良店。

本田直之の BEST 5

1 _ 片折／懐石／石川／いま一番行くべき店。

2 _ 銀座ふじやま／懐石／東京／和久傳出身の新星。とうとう東京でも。

3 _ のぐち継／懐石／京都／京天神野口の新店。ミニコースに魅力的なアラカルトが楽しい。

4 _ 道人／割烹／京都／未在出身の人柄の良さがにじみ出る料理。

5 _ ShinoiS（シノワ）／中華料理／東京／待ちに待った篠原裕幸が上海から日本に帰国！いま一番行くべき中華。

花千代の BEST 5

1 _ 東京和食五十嵐／懐石／東京／お客が何を食べたいか、に常にフォーカスする究極の店であろう。

2 _ **日本料理 荒木**／懐石／愛知／魚も野菜も素材がまず良いし、蕎麦好きとしては最後の手打ち十割蕎麦がうなる美味さ！

---

3 _ **銀座天春**／懐石／東京／今まで食べた中で最も軽い。遠州流茶道の綺麗さびに通じる天ぷらかも。

---

4 _ **鮨よし田**／寿司／東京／親方のワインペアリングと相まって、海外からのゲストを連れて行くにはぴったり。

---

5 _ **coyacoya**／中華料理／東京／何を食べてもレベル以上の美味しさで安い！次々と一人で料理とサービスをこなす味のある店主が良い。

Peragate Charoenpanich（ビア）のBEST 5

1 _ **一碗水**／中華料理／大阪／様々な素材を組み合わせ、独自の中華料理へと進化させる！

---

2 _ **TAIAN TOKYO**／フレンチ／東京／『ジョエル・ロブション』にて20年働いていたシェフによるベーシックなフレンチ！国内産にこだわらず、様々な高級食材を！

---

3 _ **野じま**／寿司／東京／店主の技術が非常に素晴らしく、ここ最近で1番印象に残りました！

---

4 _ **ShinoiS**(シノワ)／中華料理／東京／今、最も注目を集めている洗練された中華料理店！店主のやりたい料理がやっとできている！

---

5 _ **野嵯和**／和食／愛知／料理のアレンジメントに至るまで、細部にわたり気をピンと張っていてプロフェッショナル！

園山真希絵の
BEST 5

1 _ リナシメント／イタリアン／東京／繊細さの中に温かみが溢れ、五感を通して、癒しと幸腹が身体中に染み渡る。

2 _ リンコン カタルーニャ／スペイン料理 ／大阪／本場スペインの名物料理が楽しめるが、一番の楽しい名物はオーナー。

3 _ 松寿司／寿司／東京／柔らかな空気を含んだシャリと優しさ溢れるネタのバランスが、握り手そのものを醸し出す。

4 _ 恵比寿 えんどう／寿司／東京／完成しきったクオリティかと思いきや、遠藤氏曰く「まだまだ未完成」とのこと。

5 _ 焼肉鳥gg(ジジ)／焼き鳥／東京／おススメがありすぎるため、少しずつを全制覇すべし。

小浦場 祥夫の
BEST 5

1 _ 鮨 すがひさ／寿司／神奈川／限定企画の鮨とタイ料理の融合「変タイ鮨」の完成度が高過ぎ！鮨の新たな可能性がここに。

2 _ かたつむり ／創作料理／岐阜／ジビエ、川魚、山菜、キノコが盛り沢山、様々な料理で登場。山里料理の新世界！

3 _ 白(Tsukumo)／創作料理／奈良／古今集の短歌や地元の史跡・伝統行事などを取り入れ、日本料理と文化の融合に新たな可能性を感じさせる。

4 _ pesceco（ペシコ）／イタリアン／長崎／恵まれた海を背景にコースの全てが海産物で構成される〝里海〟料理が独創的でセンス抜群！

5 _ SENTI.U（センティウ）／イタリアン／鹿児島／驚くほど食材に恵まれた地で、地物の鮮度抜群の食材を類稀なセンスで香りと苦味を活かした皿に昇華。

齋藤 茂の BEST 5

1 _ てんぷら 成生／天ぷら／静岡／天ぷらの概念が変わる！と言って皆様をお連れすると、納得してもらえる。

2 _ 祇園 一道／鉄板焼き／京都／いわゆる、鉄板焼を一道流に進化させた功績は大きい。料理の可能性の幅を大きくした。

3 _ 比良山荘／割烹／滋賀／元々鮎の名店ながら、今や月の輪熊の鍋と言えばここ。

4 _ MOTOI（モトイ）／フレンチ／京都／フレンチと中華の経験を持つシェフが、独自の料理を作り出す。

5 _ 食堂おがわ／割烹／京都／名前に驚かされるが、一品一品が美味しくコ・ス・パも良い。

永田寛哲の BEST 5

1 _ 片折／懐石／石川／北陸に現れた超新星。食べログの点数が今年一番伸びた店では？

2 _ **Gourmandise**(グルマンディーズ)/ビストロ/東京/シンプルで力強く、実直な料理の数々。予約困難も当然。

---

3 _ **銀座 大石**/フレンチ/東京/北島亭から独立した大石シェフが織りなす、楽しくて美味しいカウンター劇場。

---

4 _ **Simplicité**(サンプリシテ)/フレンチ/東京/魚介中心のコース構成で、どの皿も唸らせられる美味しさ。

---

5 _ **虓**(コウ)/創作料理/東京/銀座盡を一年で閉めた佐藤シェフの新店舗。引き続き独創的で美味しい料理が食べられます。

木村郁美の BEST 5

1 _ **てんぷら 成生**/天ぷら/静岡/天ぷらの技法を用いて素材の良さを引き出す為に、油の温度を変幻自在に操る魔術師。

---

2 _ **片折**/懐石/石川/シンプルが故に研ぎ澄まされた凄みを感じる名店。

---

3 _ **レストラン ラフィナージュ**/フレンチ/東京/最終的には新たな世界へと昇華させている高良シェフのセンスと力量に脱帽。

---

4 _ **天寿司**/寿司/福岡/九州の素材にとことんこだわった愛溢れるお店。

---

5 _ **うなぎ 魚政**/和食/東京/天然物と養殖物、地焼きと蒸しそれぞれの食べ比べができ、様々な角度で鰻を堪能できる。

山本憲資の BEST 5

1 _ Restrante Fumi／創作料理／東京／女性ならではの繊細な創作料理を味わえる銀座の隠れレストラン。

2 _ 八ヶ岳 えさき／懐石料理／山梨／土地を知る野菜の味わいと、潮を知る魚の旨みを日本料理として昇華。

3 _ 茶禅華／中華料理／東京／中華と和食の技法が融合した南麻布に秘密めくお店。清々しい品々が記憶に残る。

4 _ 寿司つばさ／寿司／福岡／伝統を引き継ぐ福岡、小倉の名鮨店。細部の意匠にまでこだわりが見られる。

5 _ ShinoiS（シノワ）／中華料理／東京／中国大陸を渡り歩き、そこでの学びを最高の中華へ。

田村勝也の BEST 5

1 _ 道人／割烹／京都／一日一組、丁寧な料理。持て成しの心、全てが素晴らしい。

2 _ 喜太八（キタハチ）／鍋／大阪／ふぐに一生を捧げた一子相伝の技。洗練された此処にしかない料理を味わえる。

3 _ 飯田／懐石／京都／年々進化し続ける才能。料理、器、設え、全てが最高水準。

4 _ 鮨 あらい／寿司／東京／粋な主人の握り。鮪の産地、部位ごとの食べ比べは感動。

5 _ 麤皮（アラガワ）／洋食／兵庫／三田牛への飽くなき拘り、産地、性別、生産者、全てを追い求めている。

猪口由美の BEST 5

1 _ サエキ飯店／広東料理／東京／ここのスープは最期の晩餐にしたいほど素晴らしい。

2 _ サウスラボ 南方／中華料理／東京／広東・潮州を軸に、タイやベトナムなどをリスペクトした料理を、自然派ワインとともに愉しめる。

3 _ SENTI.U（センティウ）／イタリアン／鹿児島／地元の食材を最大限に生かし、ここに行かなければ食べられない料理を提供している。

4 _ falo／イタリアン／東京／フルオープンカウンターのなかで炭や薪の炎で食材を焼き、ジャンルにとらわれない料理を提供。

5 _ 松寿司／寿司／東京／高騰著しい昨今の東京の寿司店のなかで、リーズナブルかつ満足度の高い江戸前寿司がいただける。

雅珠香（あすか）の BEST 5

1 _ 片折／懐石／石川／店主が能登や氷見を回り珠玉の食材を調達。地元の人も知らなかった究極の美味を教えてくれる。

2 _ ふじ居／懐石／富山／藤井さんの良さが活かされている。富山食材で奏でる日本料理最高峰。

3 _ 料理 小松／割烹／石川／端正な料理が枯淡な趣のある空間と器に呼応する。

---

4 _ 湯宿 さか本／旅館／石川／〝陰翳礼讃〟という言葉が最も似合う宿。日本古来の美を味わう場所。

---

5 _ 茶禅華（サゼンカ）／中華料理／東京／極限の繊細と堂々たる豪華さ、抑揚のあるドラマティックなコース構成に最後まで夢中になる。

トヨログの BEST 5

1 _ ALTER EGO／イノベーティブ／東京／料理を引き立てるスープペアリングが新しく、イタリア料理の伝統も残してるのも良い。

---

2 _ コミナセマコ ／洋菓子／東京／駒瀬さんの想いが詰まったコースは、ドリンク(エキス)のペアリングも感動。

---

3 _ 御成門はる／懐石／東京／決して高級食材に頼らず、手間暇を惜しまない「料理」がいただける。

---

4 _ l'intemporel(ランタンポレル)／フレンチ／東京／古賀ソムリエのペアリングも金川シェフの料理を引き立て、素晴らしい。

---

5 _ Droit(ドロワ)／フレンチ／京都／ソースが素晴らしく、魚料理、肉料理ともに完成されている。

藤崎まり子の BEST 5

1 _ 片折／懐石／石川／不満が1つもありません、素晴らしかった。こちらは季節毎に通いたい名店ですね。

2 _ かに吉／和食／鳥取／鳥取で人生最高の松葉蟹に出会えました。どれもこれも生涯でナンバーワン！

3 _ 料理屋植むら／懐石／兵庫／店主、植村氏のこだわりに満ち溢れた新進気鋭の日本料理店です。

4 _ 鮨 三心／寿司／大阪／鮨を握るご主人の凛とした所作が美しい。大阪を代表する名店になるかと思います。

5 _ スナックえんどう／バー／大阪／彼の経験や人脈を生かしたメニューはスナックで食べられるレベルを遥かに超える。

大木淳夫の BEST 5

1 _ 中國菜 四川 雲蓉(ユンロン)／中華料理／東京／マニアックなまでの四川の伝統料理を楽しめる、吉祥寺の奇跡のような店。

2 _ 蕎麦おさめ／蕎麦／東京／在来品種にこだわり、打ってから寝かせるなどの技も。つゆいらず。

3 _ ル・シーニュ／フレンチ／東京／上野シェフの料理は香りの使い方も素晴らしく、美味。さらに曲者ソムリエ・有馬さんの腕も冴える。

4 _ ロス タコス アスーレス／メキシコ料理／東京／タコスの価値を飛躍的に上げた。まるで鮨の如く、旬の素材を作り立てのタコスにのせて提供。

5 _ meuglement(ムーグルモン)／ビストロ／東京／サカエヤ、エレゾ、きむらの肉をビオワイン、美味な副菜と楽しめるカウンター店。

TERIYAKI's BEST RESTAURANT 2020

「片折」

SILVER

「すしうえだ」
「ふぐ倶楽部miyawaki」
「野嵯和」
「蕎麦おさめ」
「松寿司」
「道人」
「Senti.U」
「ふじ居」
「鮨すがひさ」
「ALTEREGO」
「ロスタコスアスーレス」
「銀座天春」

堀江貴文（ほりえ たかふみ）

1972年福岡県八女市生まれ。実業家。SNS media&consulting株式会社ファウンダー。ロケットエンジン開発など、幅広く活動。グルメ分野では2013年にリリースしたスマホアプリ「TERIYAKI」を主宰し、他にも「WAGYUMAFIA」での活動などで注目を集めている。有料メールマガジン「堀江貴文のブログでは言えない話」は1万数千人の読者を持ち、2014年には会員制のコミュニケーションサロン「堀江貴文イノベーション大学校」(http://salon.horiemon.com/) をスタート。主な著書に『多動力』(幻冬舎)、『好きなことだけで生きていく。』(ポプラ社)、『ゼロ』(ダイヤモンド社)など。近著に『99%の人が気づいていないお金の正体』(宝島社)、『時間革命 1秒もムダに生きるな』(朝日新聞出版) などがある。
Twitterアカウント：@takapon_jp

デザイン：細山田光宣＋松本 歩（細山田デザイン事務所）
構成：北條芽以
写真：岡本寿、福田栄美子（須賀洋介）、下和佐英生（徳岡邦夫）
富貴塚悠太（佐藤幸二）
協力：テリヤキ株式会社

堀江貴文 vs. 外食の革命的経営者

発行日　2020年5月30日

著　者　堀江貴文
編　集　大木淳夫

発行人　木本敬巳
発行・発売　ぴあ株式会社
〒150-0011　東京都渋谷区東1-2-20　渋谷ファーストタワー
編集　03 (5774) 5262
販売　03 (5774) 5248
印刷・製本　中央精版印刷株式会社

ISBN 978-4-8356-3960-4